Renato Busata

DISPENSA DI DISEGNO TECNICO

indice

Premessa

Questo testo si rivolge agli studenti del biennio della scuola secondaria superiore, in particolare agli istituti tecnici. In questi ultimi anni il numero di ore per classe si è notevolmente ridotto e tutto ciò che compare nei consueti testi scolastici è talmente sovrabbondate da risultare talvolta fuorviante. Per studenti non avvezzi a discernere tra aspetti importanti e altri meno,questi testi possono risultare poco utili e suscitare anche fenomeni di ripulsa verso la disciplina. Quindi si è ridotta la trattazione all'essenziale, anzi qualche contenuto, come parabole e iperboli, forse non ci sarà il tempo per affrontarlo. Fondamentale invece la parte della geometria proiettiva che ritengo impossibile non sviluppare se si vuole avere una introduzione alle proiezioni parallele, come le proiezioni ortogonali e le assonometrie, con un minimo di scientificità.

Purtroppo il disegno viene spesso spiegato col solo buon senso di semplici esperienze spaziali, se non addirittura con sole indicazioni di copiatura degli schizzi alla lavagna. Così è capitato a me e poi mi sono trovato in difficoltà quando dovevo applicare ciò che avevo elaborato, con poca di cognizione di causa, in contesti diversi.

Il disegno è una delle varie modalità per rapportarsi a ciò che ci circonda. Lo schizzo è un modo di tradurre un pensiero, un idea in qualcosa di formalizzato e visibile che consente di riprendere successivamente il concetto. E' un modo per individuare le caratteristiche degli oggetti e ci aiuta a mantenere un memoria non superficiale dei medesimi, quindi a comprenderli meglio.

Il disegno è sicuramente una delle operazioni basilari dell'attività umana nel corso dei millenni. Con le trattazioni sulla prospettiva e le altre modalità di rappresentazione è diventato un modo per indicare ad altri le proprie intenzioni in un modo il più possibile univoco. Così la stessa prospettiva è stata codificata con l'introduzione della divisione del lavoro nel cantiere, mentre in precedenza nella cattedrale gotica tutte le maestranze partecipavano con le proprie competenze alla progettazione dell'edificio e quindi non vi era la necessità di tavole dettagliate. Bastavano pochi schizzi per dare le indicazioni di massima da parte dei capimastri e poi gli altri completavano l'opera fino ai dettagli con un elevato grado di libertà progettuale. Con il cantiere di Santa Maria del Fiore a Firenze il Brunelleschi ha introdotto una divisione del lavoro più ferrea con il vincolo delle maestranze a dover realizzare le intenzioni del progettista. La prospettiva è funzionale a tale mutamento. Successivamente si sono codificate le proiezioni parallele come le proiezioni ortogonali grazie a Gaspard Monge (1746-1818) fino alle norme come UNI, ISO, che disciplinano ogni aspetto che definisco sin nei minimi particolari gli aspetti della rappresentazione grafica, consentendo a chi deve realizzare un opera progettata di farlo senza dovere chiedere ulteriori spiegazioni. Questo aspetto associa di nuovo la modalità di rappresentazione grafica al momento storico essendo le proiezioni ortogonali funzionali alla rivoluzione industriale e alla ulteriore conseguente divisione del lavoro. Si potrebbe quindi definire il disegno una forma di linguaggio, ma approfondire questo aspetto non è nelle nostre intenzioni. Lasciamo queste considerazioni storico-filosofiche a chi le ha meglio approfondite cercando di essere operativi sulle modalità di realizzazione di una rappresentazione, senza comunque dimenticare gli apparati teorici che sostengono il segno grafico e il primo sostegno teorico è la geometria euclidea. Aborriamo l'idea, come è capitato a me tanti anni fa, che il disegno sia solo copia di un qualcosa che viene indicato da chi ne dovrebbe sapere di più, senza dare delle motivazioni scientifiche che sottendono tale operazione. Ogni disegnatore deve avere la massima consapevolezza di ogni linea che tira, così potrà applicare altrove, in situazioni diverse, le conoscenze acquisite.

Riteniamo che si debba partire dal disegno a mano e poi passare eventualmente al disegno a computer non solo perché, come confermano vari studi,(1) la manualità è più efficacie nell'apprendimento delle tecnologie digitali, ma se non si sperimenta il disegno a mano il disegno col CAD diventa una arida trasposizione di concetti privi di creatività.

(1) Roberto Casati *Clic, e siamo meno intelligenti,* Il sole 24 ore 15/12/2013 pag.41, recensione a Manfred Spitzer, *Demenza digitale,* Corbaccio 2013

Aspetti preliminari e propedeutici al disegno

Definizioni di geometria

La rappresentazione grafica parte dal disegno geometrico. Indichiamo alcuni concetti di geometria per rendere espliciti termini che verranno spesso utilizzati.

ELEMENTI DI GEOMETRIA		
ente o caratteristica geometrica	descrizione	visualizzazione grafica
Punto	entità senza dimensione	
Segmento	porzione di retta delimitata da due punti	
Semiretta	porzione di retta delimitata da un punto	
Retta	successione infinita di punti allineati	
Piano	Successione infinita di rette affiancate disposte in modo tale che se viene appoggiata un'ulteriore retta al piano, questi aderisce senza lasciare spazi	
Angolo	Porzione di piano delimitata da due semirette uscenti dallo stesso punto	
Perpendicolare	Sinonimo con ortogonale, due rette si dicono perpendicolari quando formano 90° incrociandosi tra loro	

Per ulteriori indicazioni su enti geometrici riferirsi alle enciclopedie cartacee o sul web.

Materiali per disegnare.

Per disegnare abbiamo bisogno dei seguenti materiali:

●QUADERNO DI APPUNTI. Formato A4, a quadretti non piccoli, attenzione che la carta sia certificata come proveniente da foreste controllate e non a seguito di distruzioni di foreste naturali tropicali o temperate, per esempio con marchio FSC, ciò vale ovviamente anche per i fogli da disegno. Bisogna imparare a disegnare bene a mano libera e quindi per il quaderno di appunti si usa la penna e non la matita, anche per i disegni e non solo per i testi..

●MATITA. Sono da preferire i portamine a pulsante per grafite di diam. 1,8 mm, possono andare bene anche le tradizionali matite in legno, sono invece da evitare i portamine per micromine.
Per fare le linee di costruzione si utilizza una mina diversa da quella di ingrossamento:
H,2H,3H,... per le linee di costruzione (la mina varia in base alla forza che la mano imprime alla matita);
HB, B, 2B per le linee di ingrossamento per scrivere il titolo del disegno e della tavola; Mine più morbide servono per gli schizzi.

●CAMPANA AFFILA MINE. Alla matita va associato un oggetto che faccia la punta senza sporcare le mani, quindi raccogliendo sedimenti e trucioli. Per i portamine è necessaria una campana affilamine con fresa interna; per le tradizionali matite in legno, un temperino con contenitore di raccolta.

●COMPASSO A BALAUSTRONE dotato di:
▪   FRIZIONI; per scorrere più velocemente tra una apertura e l'altra del compasso disinnescando il meccanismo della vite;
▪   PROLUNGA; per costruire la squadratura della tavola (bordo del disegno)
▪   GRAFITE; a scalpello, affilata con la carta vetrata evitando di sporcare; deve essere un po' più morbida di quella scelta per la matita in quanto sul compasso, avendo due punti di appoggio, il carico della mano grava meno sulla grafite;

●DUE SQUADRE, una da 45° e una da 30°/60°, trasparenti colorate (perché è utile vedere il disegno già realizzato che si trova sotto la squadretta) e dimensioni sulla millimetratura rispettivamente di circa 26 cm -30 cm.

• PARALLELOGRAFO con stecca lunga 60-70 cm con rotelle alle estremità dove passano fili per far scorrere la stecca (non devono essere sul retro).

• FOGLIO DA DISEGNO A3 le cui dimensioni sono 33x48cm circa non squadrato e 42x29,7 squadrato, la cui superficie deve essere liscia e di grammatura adeguata (circa 220gr/mq). Grammatura: peso di un foglio di carta riferito ad un metro quadrato.

• CARTELLINA in plastica per il trasporto delle tavole

• NASTRO ADESIVO di carta che serve a fissare il foglio al tavolo o al parallelografo.

• GOMMA bianca (si consiglia di non usare la gomma matita in quanto ha una mescola troppo dura e lascia segni grigi sul foglio che poi non si riesce a togliere)

• STRACCIO che serve a pulire il banco e gli strumenti del disegno e relativo detergente.

• GONIOMETRO e CURVILINEE in plastica.

Alti materiali non sono indispensabili. Il NORMOGRAFO non va usato perché si deve imparare a scrivere a mano attraverso linee parallele di contenimento delle scritte/testi che si devono appoggiare perfettamente ad esse.

Principali norme del disegno

Norme UNI

Per evitare interpretazioni personali di un disegno, sono state codificate delle modalità di rappresentazione che valgono per tutti. Queste modalità per l'Italia sono riportate nelle norme UNI, prodotte dall'Ente Nazionale di Unificazione. A livello europeo sono codificate con la sigla EN a livello internazionale con la sigla ISO.

Formati dei fogli da disegno. (UNI EN ISO 5457:2002)

Il formato da disegno più grande è il formato A0 che ha misure 1189 x 841mm. Le misure strane del formato A0 si spiegano col fatto che ha una superficie di un metro quadrato. Sarebbe stato più semplice in termini numerici prendere un fogli quadrato di 1m. x 1m. ma la particolarità del formato a 0 è che dividendolo a metà si trovano due fogli A1 che sono in proporzione col formato di partenza (rettangoli in proporzione hanno le diagonali che si sovrappongono). Le superfici dei formati si dimezzano a man mano che si scende col formato. La divisione a metà dei formati dei fogli può arrivare fino al formato A9. Il formato più usato è l'A4 (21x29,7 mm.)

Tipi di linee (UNI EN ISO 128-20:2002)

Oltre alla linea continua si useranno essenzialmente la linea mista (punto linea) per gli assi e la linea a tratti per le parti nascoste dell'oggetto da rappresentare.

Modalità di scrittura nei testi (UNI EN ISO 3098- 0)

I disegni vanno accompagnati da testi che danno ulteriori indicazioni rispetto al disegno. Le scritte devono essere realizzate appoggiandosi bene a delle linee di contenimento per maiuscole e minuscole. La modalità delle scritturazioni è disciplinata dalla norma suddetta ma è meglio riferirsi alla vecchia norma UNI 7559 del 1976 di più semplice comprensione. La norma UNI disciplina anche le distanze tra lettera e lettera, parola e parola ma non va disegnata la scansione del testo con linee di contenimento verticali perché troppo dispendioso in termini di tempo. Allora bastano le tre linee orizzontali (per base, maiuscole e minuscole) scrivendoci dentro con un po di buon senso.
Il rapporto tra l'altezza della maiuscola e minuscola è di 0,7 circa. Tutti i titoli dei singoli esercizi hanno altezza della maiuscola 5mm, mentre il titolo della tavola che va sul cartiglio ha altezza 7mm. Le scritte non vanno appiccicate alla squadratura, bensì distanziate di qualche mm. Vanno anche distanziate dal bordo di squadratura verticale.
Il cartiglio è una tabella da disporre in basso a destra (in alto a sinistra ma meno usata) dove vengono indicati gli elementi sostanziali del disegno quindi: titolo della tavola, data, esecutore, classe. E' anch'esso disciplinato da una norma: UNI EN ISO 7200:07.

Quotature (UNI 3873,3974,3875: 89)

Una misura sul disegno (in termine tecnico quota) viene individuata da una serie di accorgimenti grafici: le linee di riferimento che escono dai bordi dell'oggetto da quotare, la linea di misura che le incrocia e ha la stessa larghezza della parte da misurare ed e ad essa parallela, il numero che indica la quota e le frecce.

Le norme UNI per le quote verticali prevedono che il numero possa essere sia orizzontale che verticale. E' da preferire la modalità verticale in quanto, anche col solo colpo d'occhio si intuisce a che tipo di misura si riferisce e nel disegno meno elementi dubbi ci sono meglio è.

Le quote devono preferibilmente disporsi all'esterno del disegno e non troppo appiccicate ad esso.

La quota va abbastanza vicina alla linea di misura e possibilmente centrata sulla misura considerata. La linea di misura non deve essere troppo appiccicata al bordo dell'oggetto da quotare, ma neanche troppo distante.

Nel disegno meccanico (per i periti industriali.) le frecce devono essere delle frecce. In edilizia invece le frecce devono essere dei segni neri inclinati a 45°. Le quotature vanno disposte partendo da quelle più brevi vicine all'oggetto e via via quelle di maggiore dimensione. Alla quota non va associata l'unità di misura.

Scale di rappresentazione (UNI EN ISO 5455:1998)

E' raro che un oggetto venga rappresentato su di un foglio da disegno alle sue reali dimensioni. Di solito il disegno è più piccolo della realtà. In tal caso invece di indicare il numero inferiore all'unità moltiplicando per il quale la misura del disegno si ottiene la misura reale, la scala si indica come rapporto tra l'unità e quante volte viene rimpicciolito (per. es. invece di indicare 0,05 si scrive 1:20). Gli elementi in gioco sono: la misura reale, la misura sul disegno, il numero che rappresenta il loro rapporto inserito nella modalità 1: n. Quindi, di volta in volta, ci si può imbattere a dover conoscere uno dei tre elementi (incognita) dati gli altri due. Le tre formule sono:

n (numero sulla scala) = misura reale/misura sul disegno   *esempio.* (20 = 500/25)

misura reale = misura sul disegno * n (numero sulla scala) *esempio.* (500 = 25*20)

misura sul disegno = misura reale/ n (numero sulla scala) *esempio.* (25 = 500/ 20)

Nel caso l'oggetto sia talmente piccolo da comportare un disegno più grande dello stesso, i fattori del rapporto si invertono (per es. 20:1)

Indicazioni sulle accortezze per un buon disegno

Studiare su appunti e testi la modalità di realizzazione di un disegno assimilando concetti e procedure. Prima di iniziare un disegno si deve riflettere sulla situazione di partenza e sulla progressione delle varie azioni per arrivare all'obbiettivo da raggiungere richiesto dall'esercizio. L' avanzamento delle fasi del lavoro viene scandita attraverso la successione della numerazione dei vari punti.

Quando si fanno i singoli disegni di una tavola, i numeri e lettere della progressione del lavoro vanno individuati man mano che si disegna. Quindi non si devono mettere le lettere e numeri a disegno finito.
In disegno i problemi vanno risolti di norma con metodi grafici.

Pulire tutti gli strumenti che saranno a contatto col foglio con straccio e detergente, mani comprese.

Se il foglio non è già squadrato in formato A3 la si realizza tracciando le diagonali del foglio (auspicando che sia comunque proporzionato come misure). Dal loro incrocio aprire il compasso con apertura 257 mm (serve la prolunga) per individuare i punti da unire per realizzarla.

Una volta effettuata la squadratura bisogna prima di attaccare col nastro adesivo il foglio al tavolo si allinea uno dei segni di squadratura più lunghi con la stecca del parallelografo. e non al bordo del tavolo. Dopo di che si dispone il nastro adesivo sui quattro bordi.

Completate queste operazioni preliminari e fondamentali si procede col disegno.

Repertorio delle tavole sulle figure piane

Indicazioni su come procedere nel disegno delle singole tavole.

• LINEE DI COSTRUZIONE: servono a costruire i vari disegni e si devono incrociare tra loro; per quanto sottili devono essere ben evidenti, senza preoccuparsi troppo se sono troppo lunghe.
• LINEE DI INGROSSAMENTO: con la matita più che di ingrossamento si dovrebbe parlare di annerimento. Il segno deve essere ben più evidente delle linee di costruzione. Queste linee servono a evidenziare il risultato finale e i testi.
• Quindi tutti i passaggi si fanno con linee di costruzione; il risultato finale si evidenzia con linee di ingrossamento.

I segni devono mantenere una intensità costante nello svolgimento del lavoro. Prima si tirano le linee di costruzione e poi si ingrossa il risultato finale per evitare di trascinare sedimento di grafite sul foglio e sporcare il disegno.
Quando le indicazioni non lo specificano, i vari aspetti vanno ritenuti generici.

Asse di un segmento

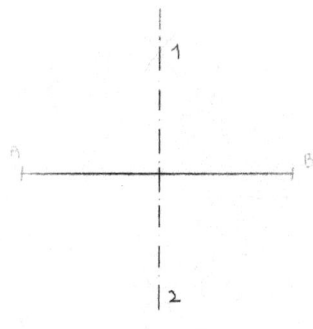

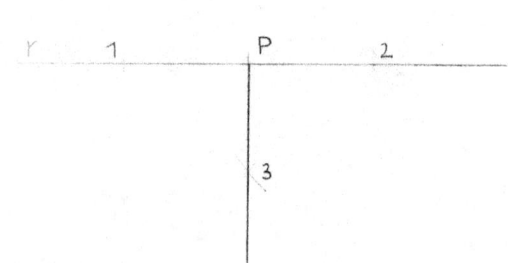

Costruzione della parallela ad una retta data a distanza assegnata

Costruzione della bisettrice di un angolo con vertice inaccessibile

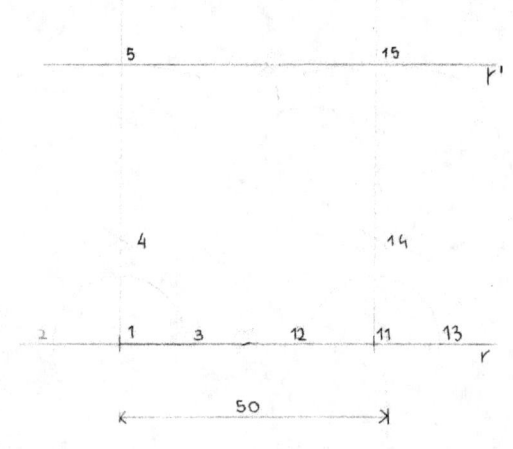

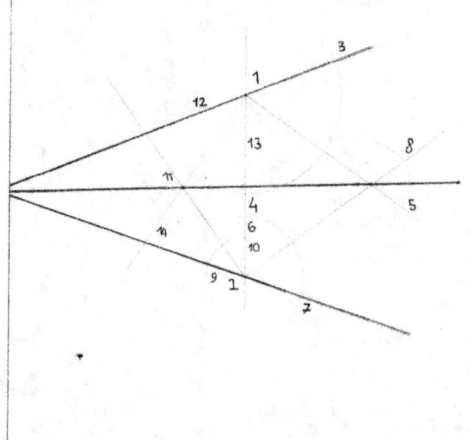

Costruzione della perpendicolare ad una retta da un punto esterno ad essa

Costruzione della perpendicolare all'estremo di una semiretta

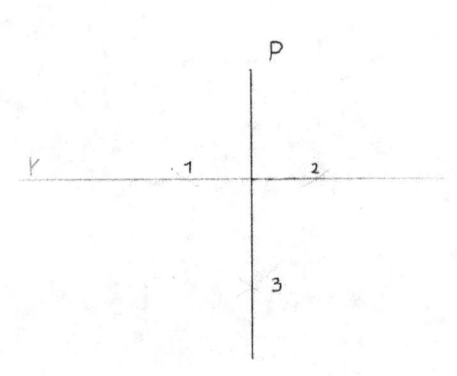

Bisettrice di un angolo

Costruzione di un angolo con ampiezza uguale a un angolo dato

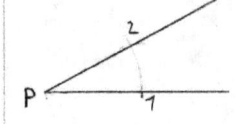 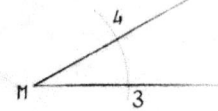

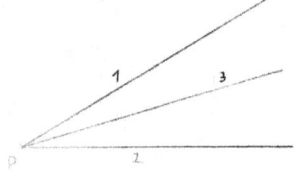

Divisione di un angolo retto in 3 parti uguali

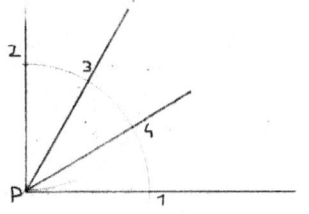

Tav n°1 - Assi, Perpendicolari, parallele e divisioni di angoli

L   B
Cl. 1°   26/10/1°

15

Fasci di rette parallele tagliate da due trasversali,
definiscono su di esse segmenti proporzionali tra loro

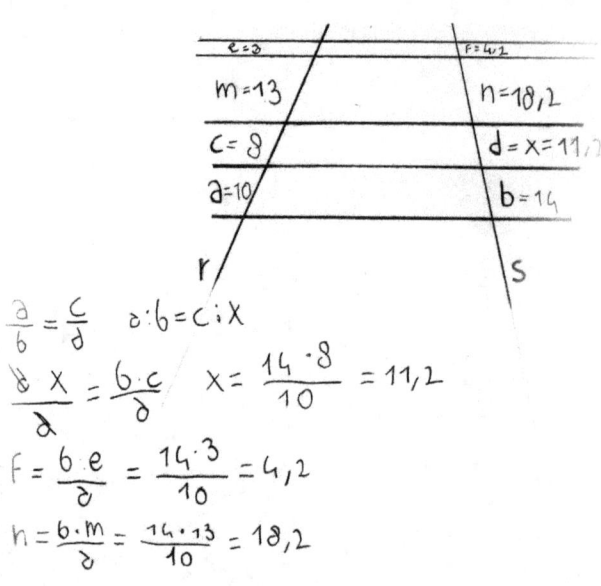

$$\frac{a}{b} = \frac{c}{d} \qquad a:b = c:x$$

$$\frac{x}{a} = \frac{b \cdot c}{d} \qquad x = \frac{14 \cdot 8}{10} = 11,2$$

$$f = \frac{b \cdot e}{a} = \frac{14 \cdot 3}{10} = 4,2$$

$$h = \frac{b \cdot m}{a} = \frac{14 \cdot 13}{10} = 18,2$$

Applicazione grafica del teorema di Talete

Divisione di un segmento lungo 56mm in 7 parti uguali

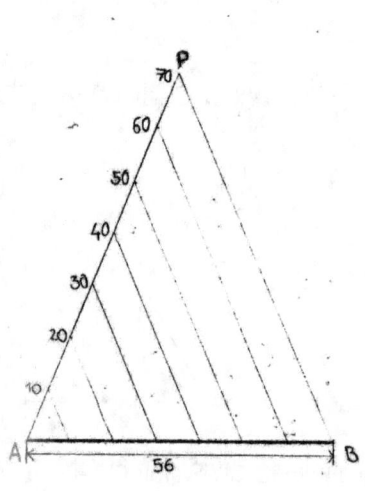

Divisione di un segmento di una lunghezza qualsiasi in un numero stabilito di parti uguali

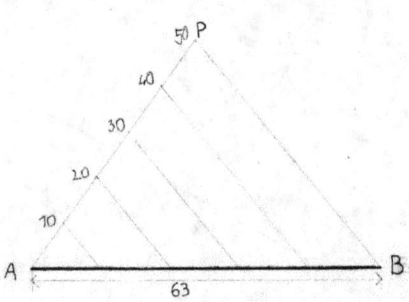

Divisione di un segmento lungo 71mm in 6 parti uguali usando linee parallele orizzontali

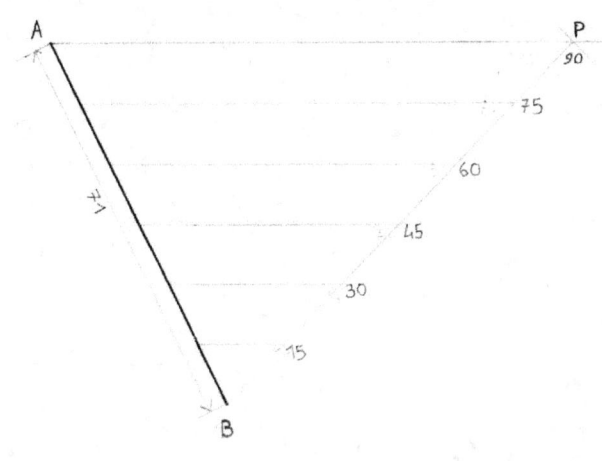

Divisione di un segmento lungo 58mm in 7 parti uguali usando linee parallele verticali

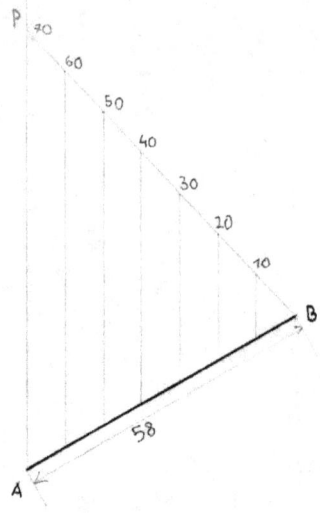

Divisione di un segmento lungo 55 mm in 5 parti uguali

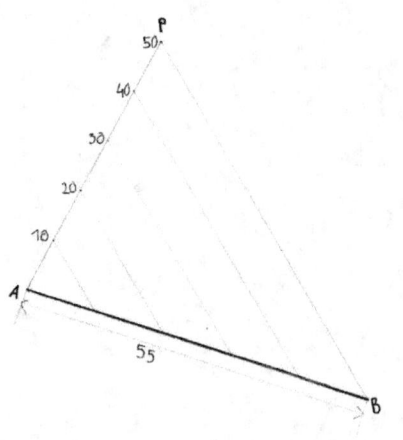

Applicazione grafica del teorema di Talete	L	B
	Cl. 1	04/11/2015

Indicazioni su tav. n. 2

TEOREMA DI TALETE. Enunciato: Fasci di rette parallele tagliate da due trasversali, definiscono su di esse (le trasversali) segmenti proporzionali tra loro.

Si prende un segmento di una qualsiasi lunghezza (es.57 mm) e lo si divide, grazie a questo teorema, in un numero (es.7) parti uguali.
Basta prendere un segmento ausiliario inclinato a piacere e lo si fa partire da un estremo del segmento da dividere, Il segmento ausiliario deve essere facilmente divisibile, rispetto al numero di parti da dividere (per esempio un segmento lungo 70 mm se bisogna dividere in 7 parti uguali o 50 mm se il numero di parti da dividere è 5).

Costruzione di un triangolo dati i lati

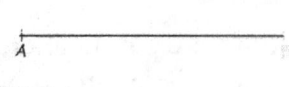

AB=48   BC=22   CA=24

AB=48 BC=22 CA=30

Costruzione di un triangolo equilatero

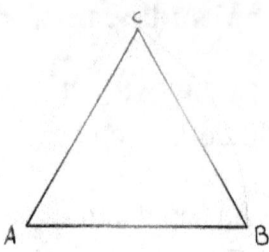

Costruzione di un triangolo isoscele

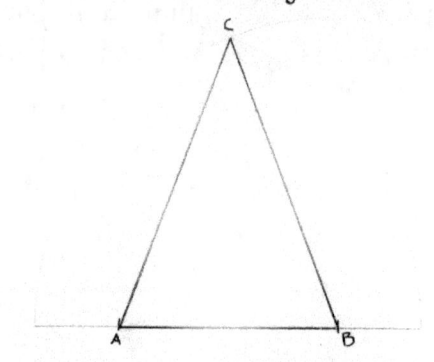
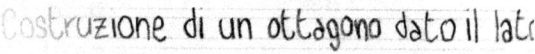

Costruzione di un esagono dato il lato

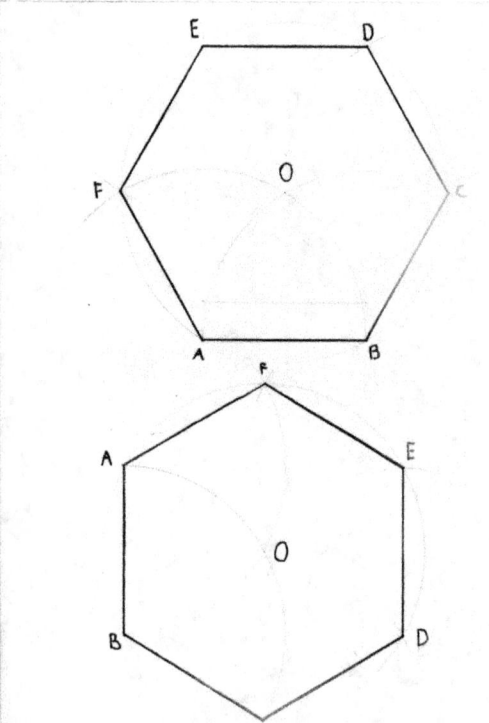

Costruzione di un ottagono dato il lato

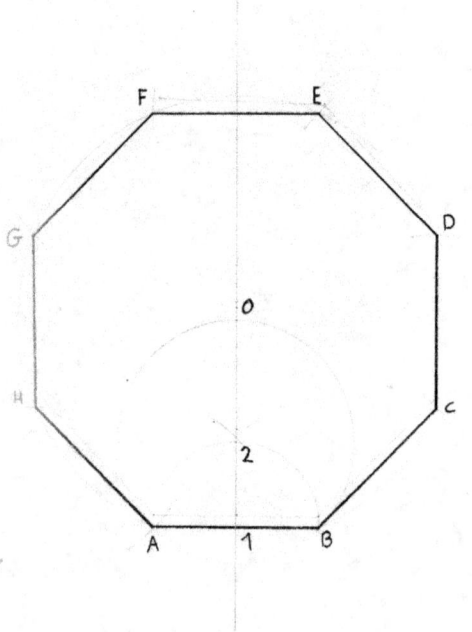

Costruzione di un quadrato dato il lato	Costruzione di un rettangolo sulla diagonale di un quadrato

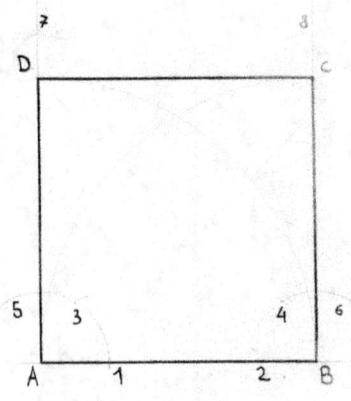

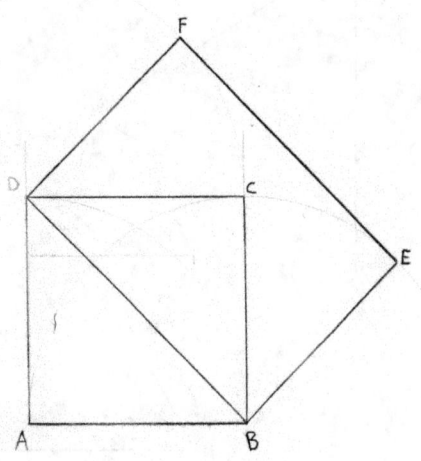

Costruzione di un ettagono dato il lato	Costruzione di un pentagono dato il lato

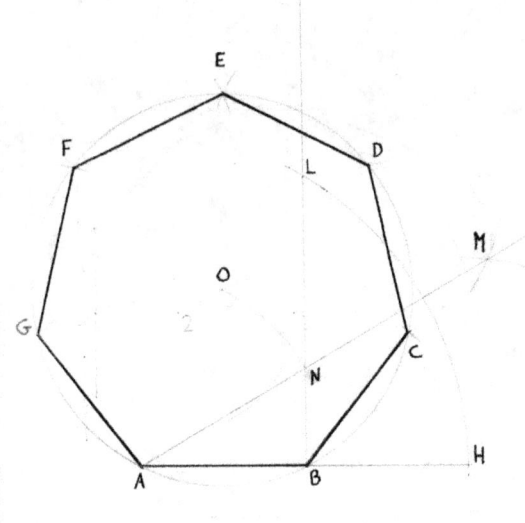

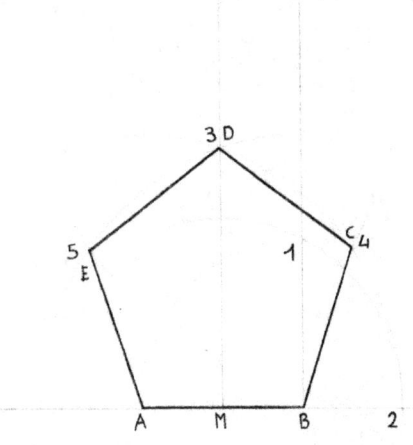

Tav. n 3 - Costruzione di poligoni regolari dato il lato	L B
	Cl. 1 25/11/2015

Costruzione di un triangolo inscritto in una circonferenza

Costruzione di un quadrato inscritto in una circonferenza

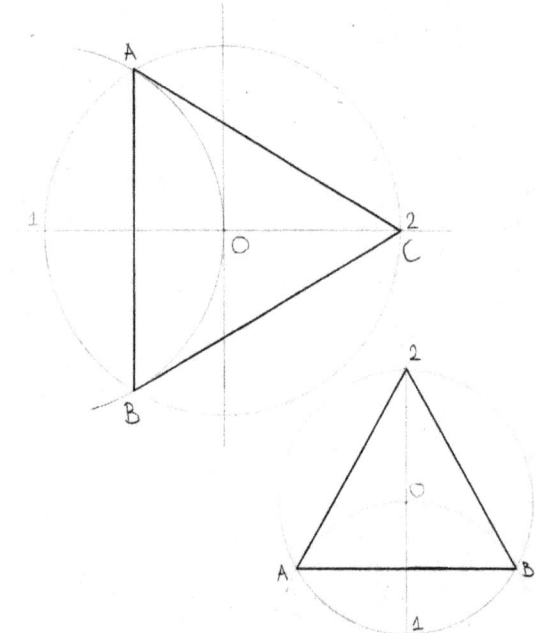

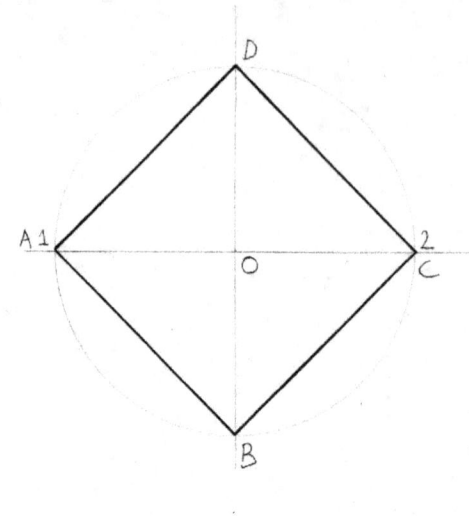

Costruzione di un esagono regolare con due lati verticali

Costruzione di un ottagono inscritto in una circonferenza

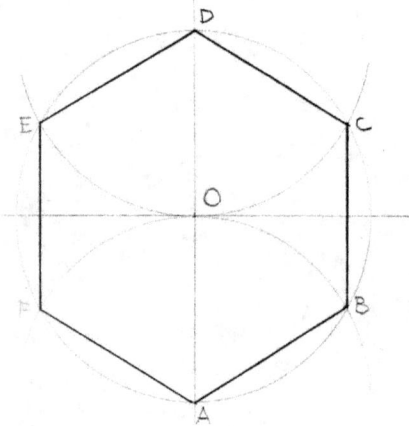

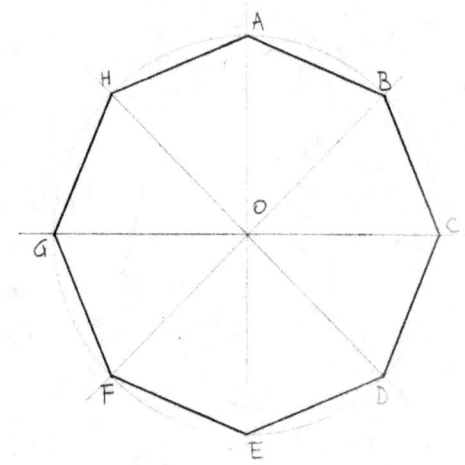

Costruzione di un quadrato inscritto in una circonferenza

Costruzione di un esagono inscritto in una circonferenza

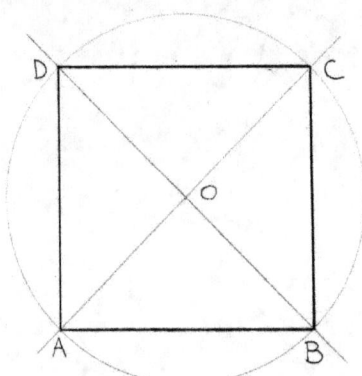

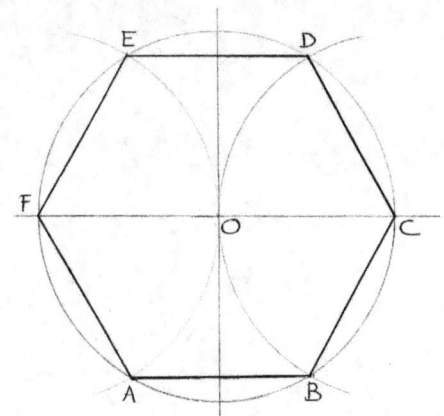

Costruzione di un ottagono inscritto in una circonferenza

Costruzione di un pentagono in una circonferenza

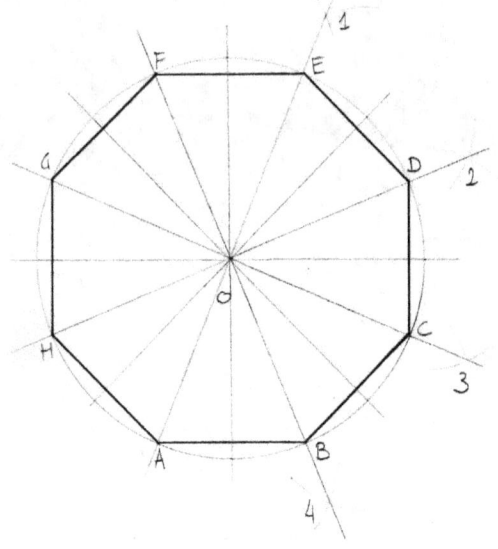

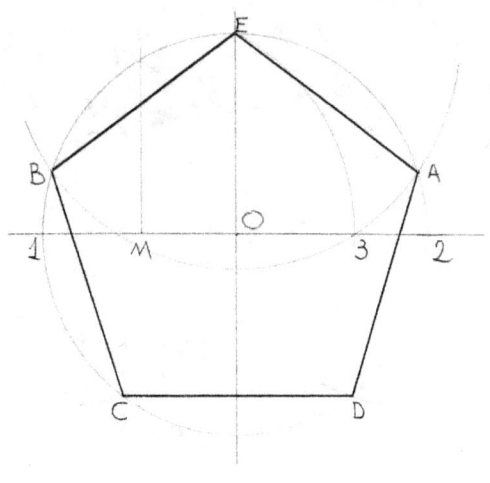

Tav.n.4 - Costruzione di poligoni regolari in una circonferenza

D.

Cl. 1°   28-11-

23

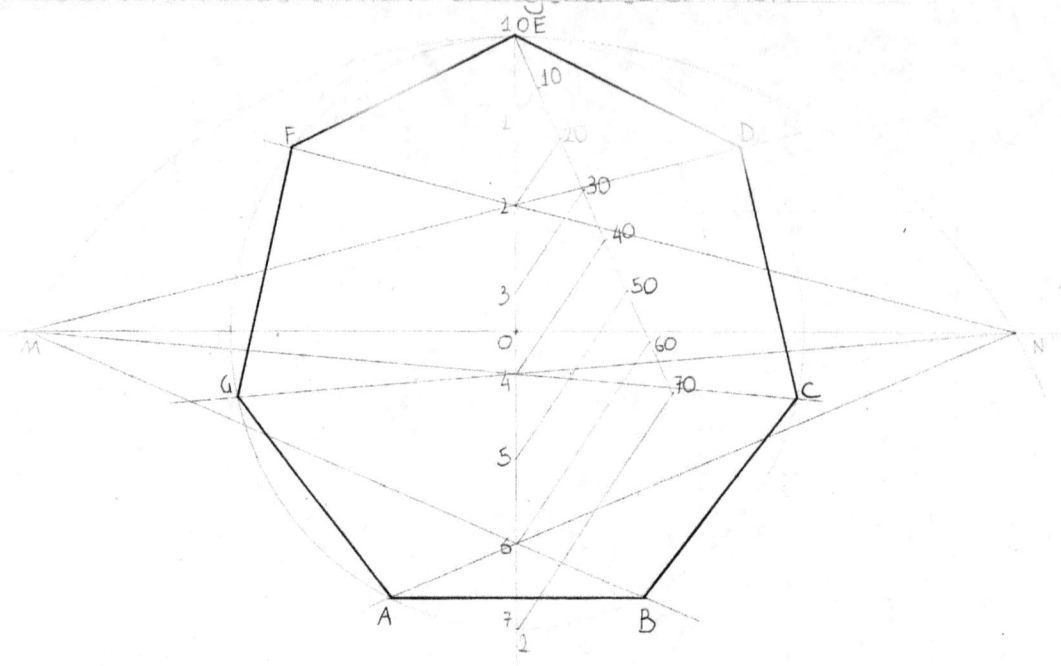

Costruzione di un poligono con n° lati qualsi a lati

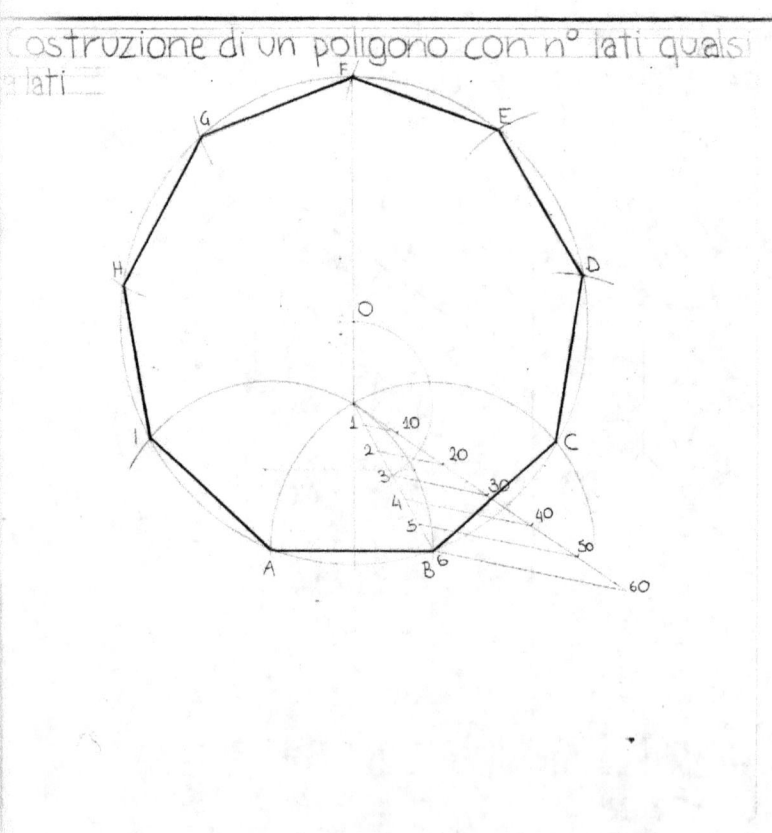

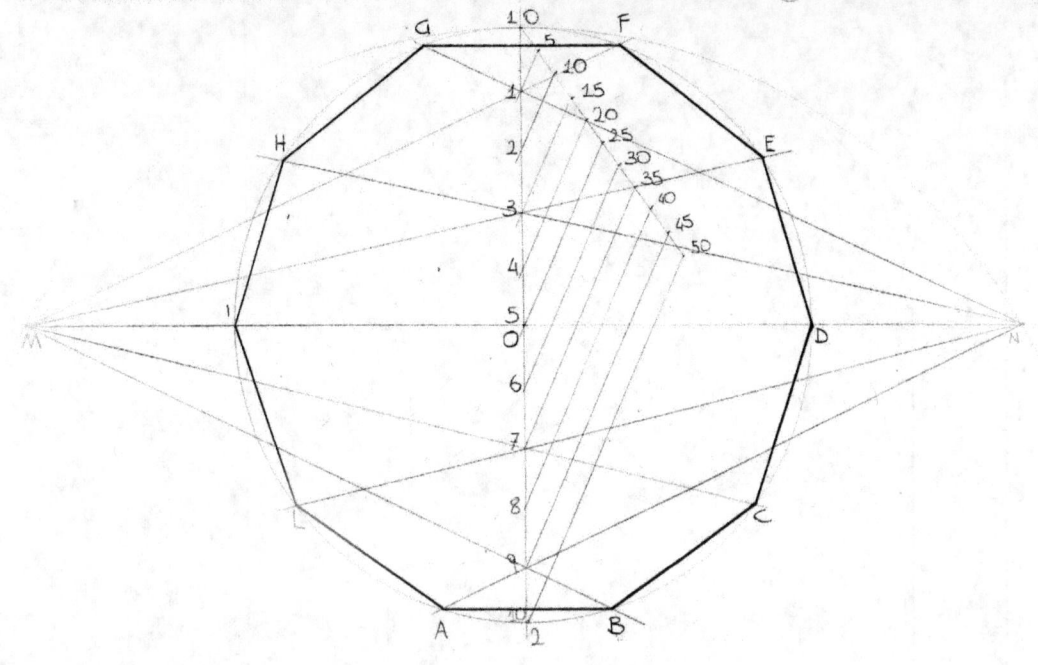

con metodo generico dato il lato

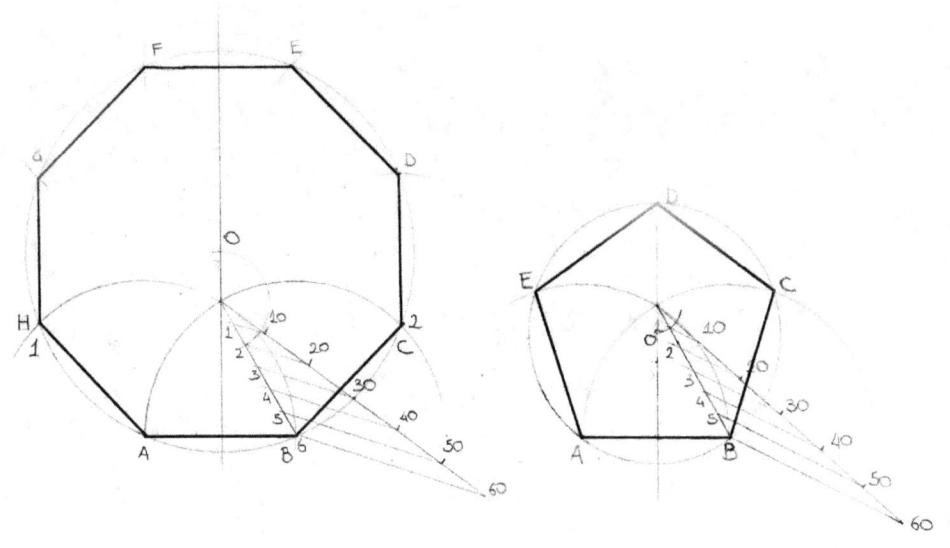

Tav. 5 - Costruzione di poligoni con
metodo generico con numero di lati qualsiasi | Cl. 1   9/12/2015

Costruzione di un arco a tutto sesto

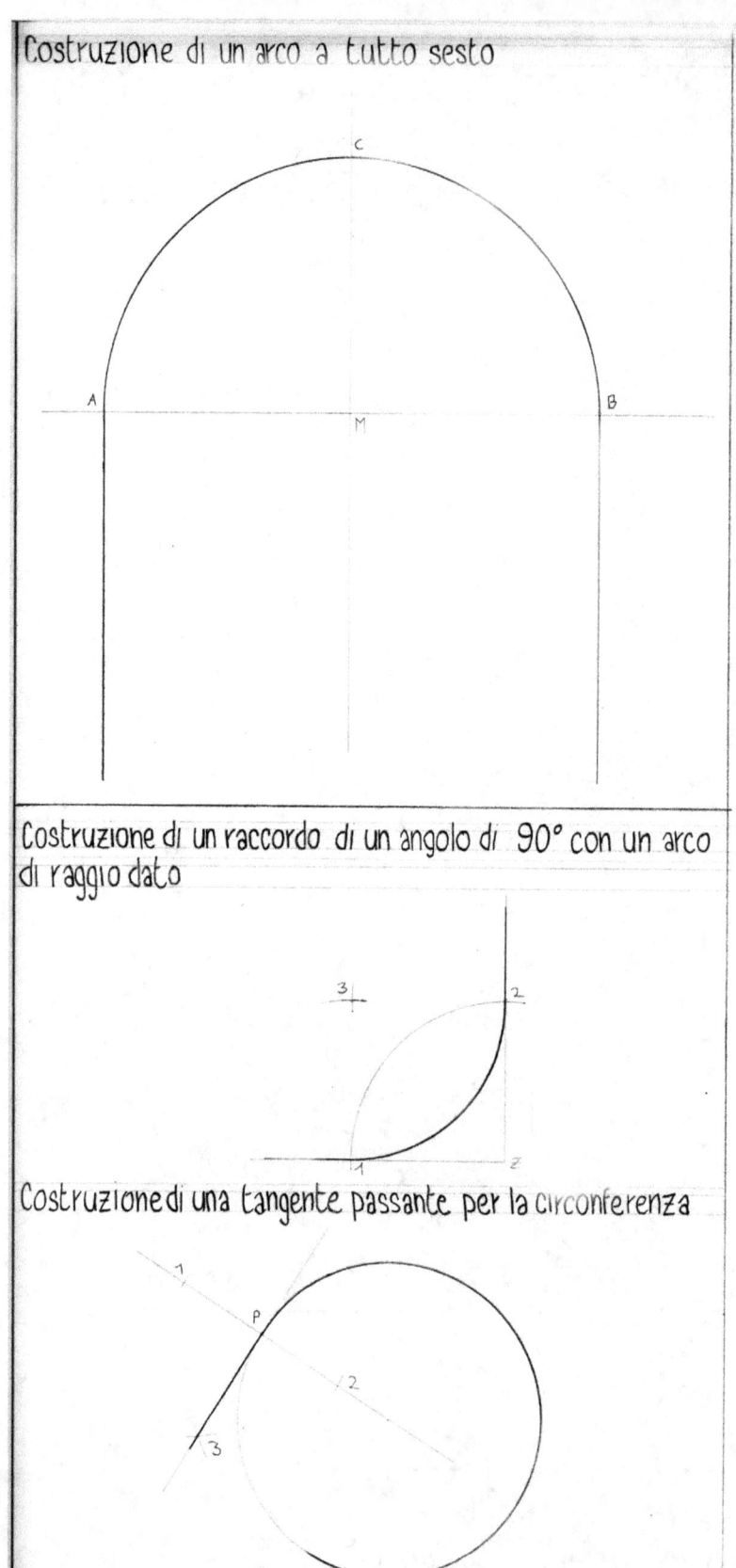

Costruzione di un raccordo di un angolo di 90° con un arco di raggio dato

Costruzione di una tangente passante per la circonferenza

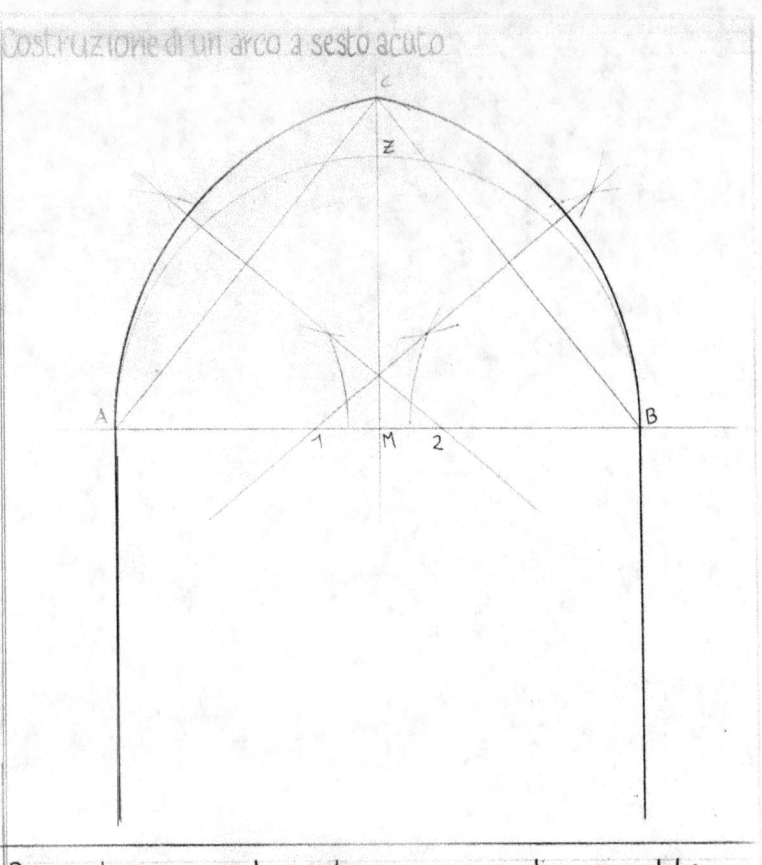

Raccordare un angolo acuto con un arco di raggio dato

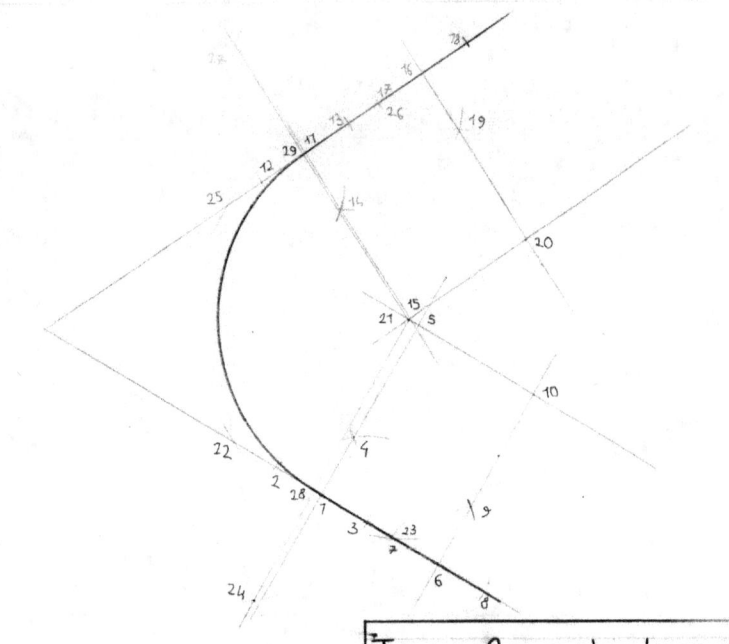

Tav n. 6 - archi, tangenti

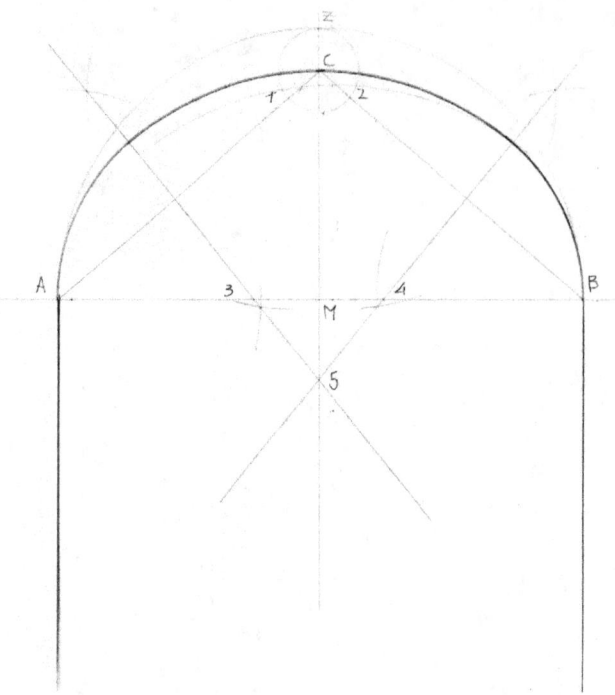

Raccordare un angolo ottuso con un arco di raggio dato

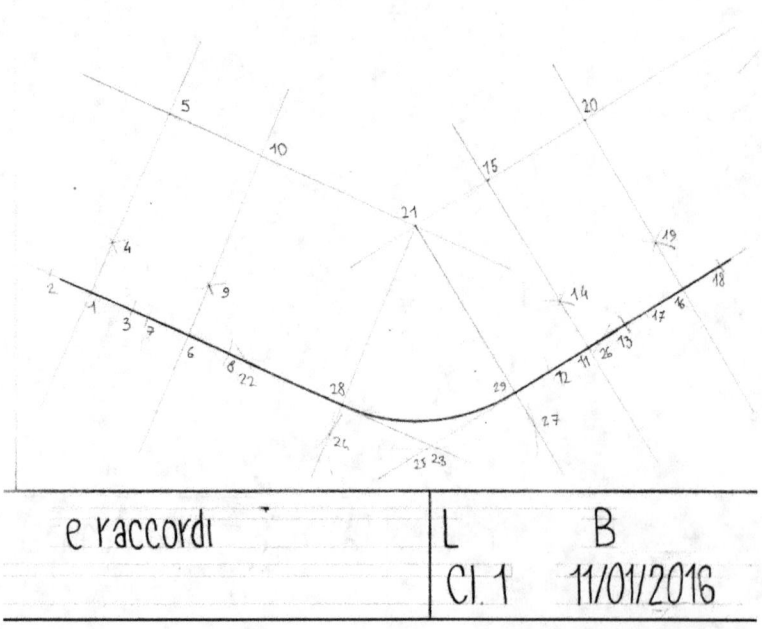

e raccordi	L	B
	Cl. 1	11/01/2016

Indicazioni su tav. n. 6

Nei raccordi si ingrossano prima gli archi di circonferenza e poi i segmenti. Se sono tutti archi di circonferenza si comincia da quello centrale.

Definizioni di alcuni enti geometrici

OVALE: Linea curva chiusa formata e definita da 4 archi di circonferenza.
OVOLO: Linea curva chiusa formata da mezzo ovale e mezza circonferenza.
ELLISSI: Luogo di punti equidistanti da due centri detti fuochi.
SPIRALE: Linea curva aperta che si avvolge attorno ad un punto .
PARABOLA: Luogo di punti equidistanti da un centro detto fuoco e da una retta detta direttrice .
IPERBOLE Luogo di punti aventi differenza costante da due centri detti fuochi.
LUOGO DI PUNTI: Posizionamento di enti geometrici.

Costruzione di una circonferenza
passante per 3 punti

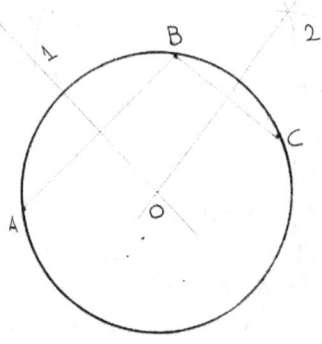

Tangente a una circonferenza
per un punto esterno

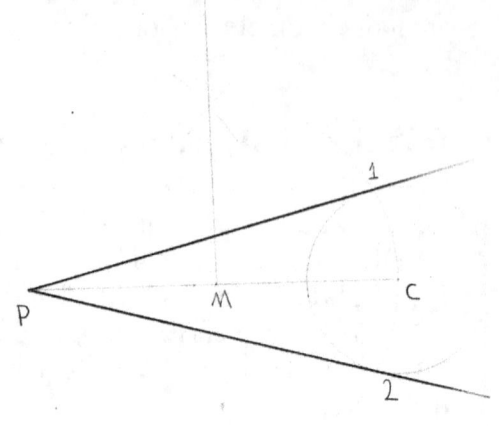

Costruire le tangenti a 2 circonferenze
di diverso raggio

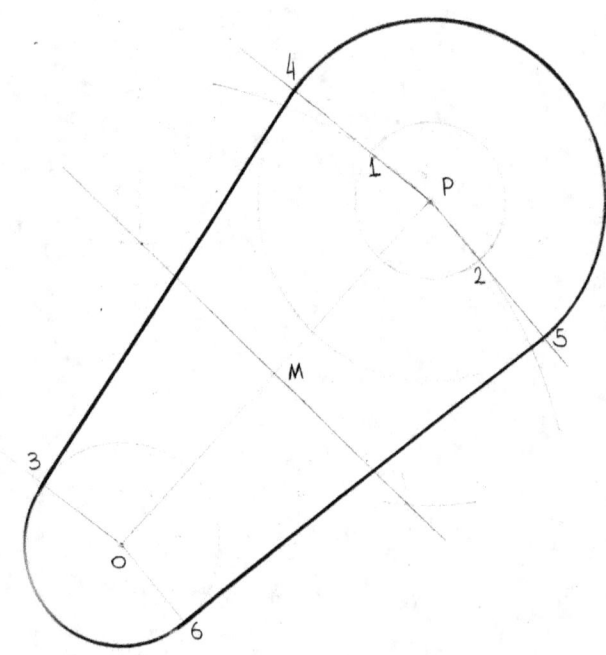

Raccordare 2 circonferenze
con una 3° di raggio dato

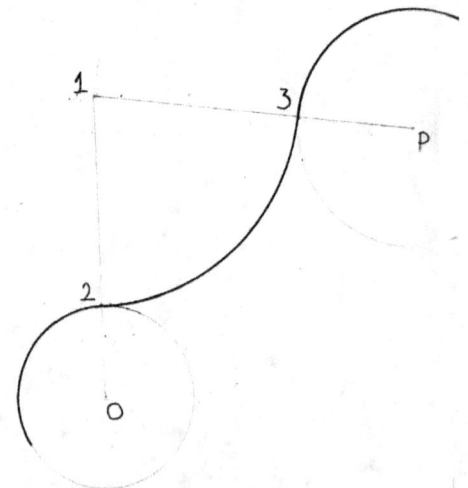

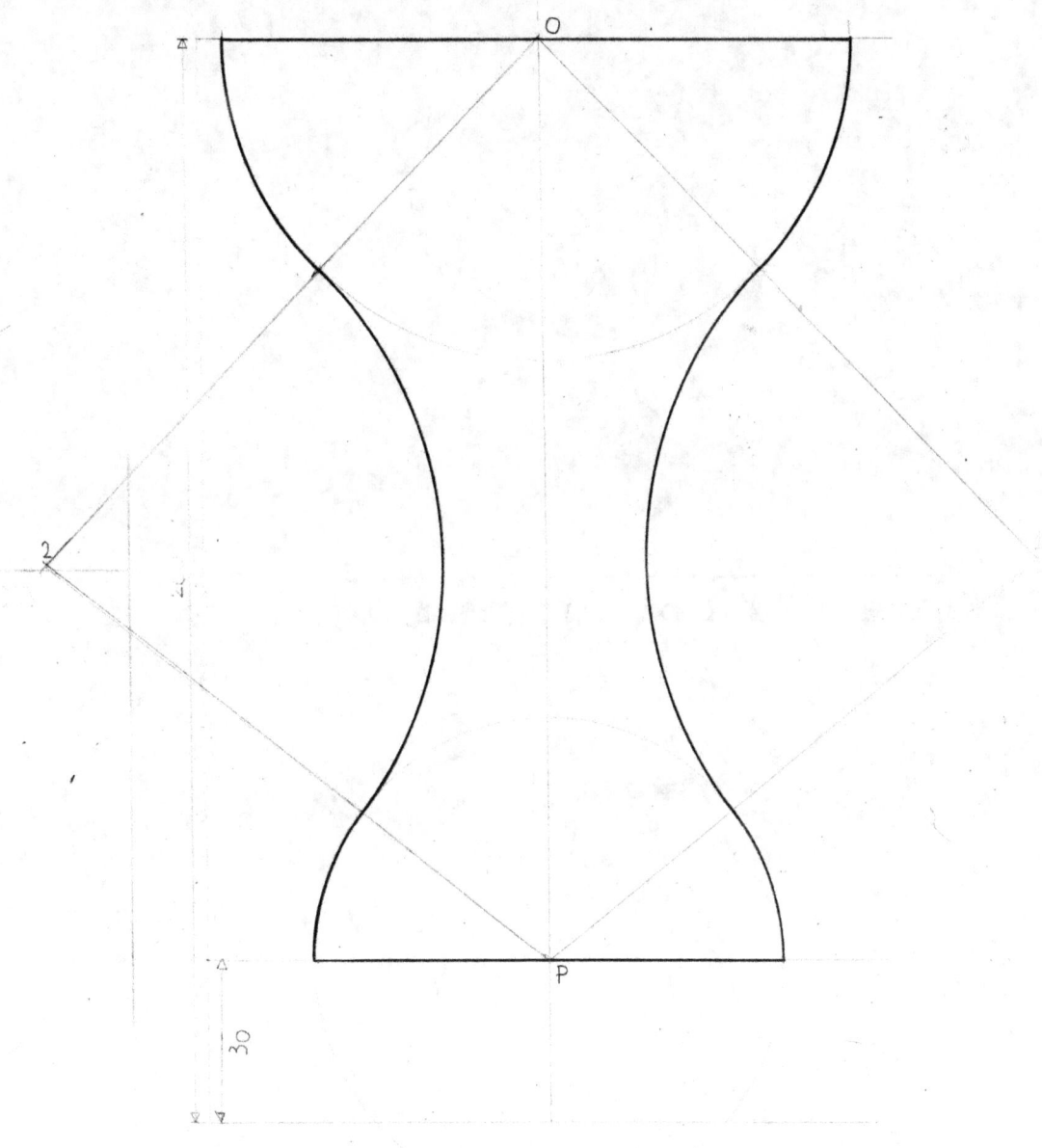

Figure con raccordi circolari | D   B
Tav. n. 7

Costruzione di un ovale dato l'asse minore
AB=60

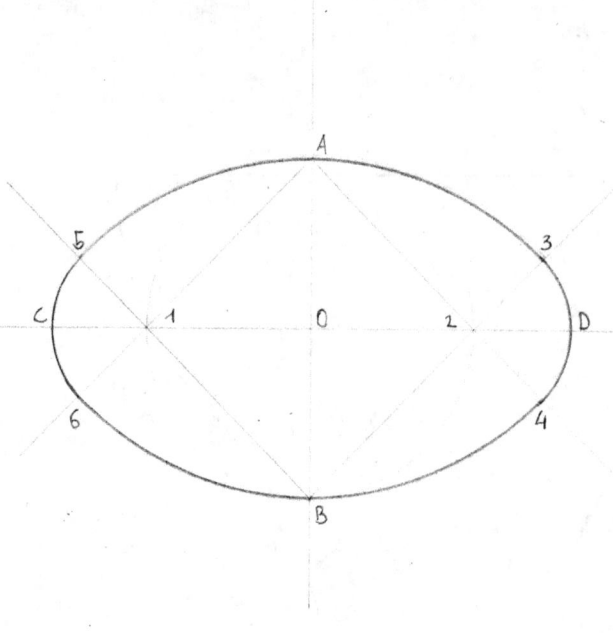

Costruzione di un ovale dato l'asse maggiore AB=90

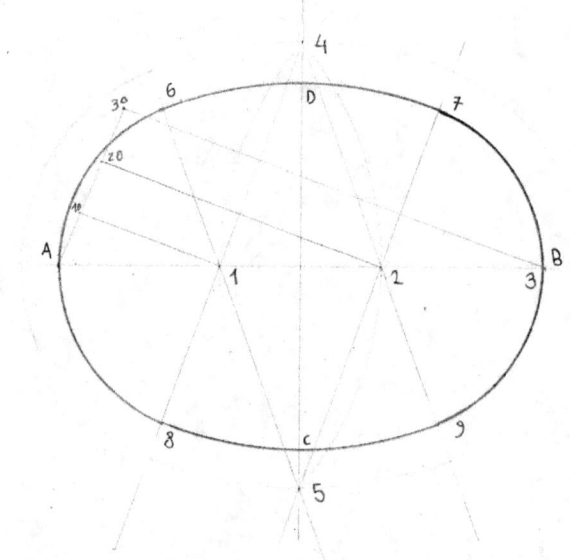

Ovolo dato l'asse minore
AB=60

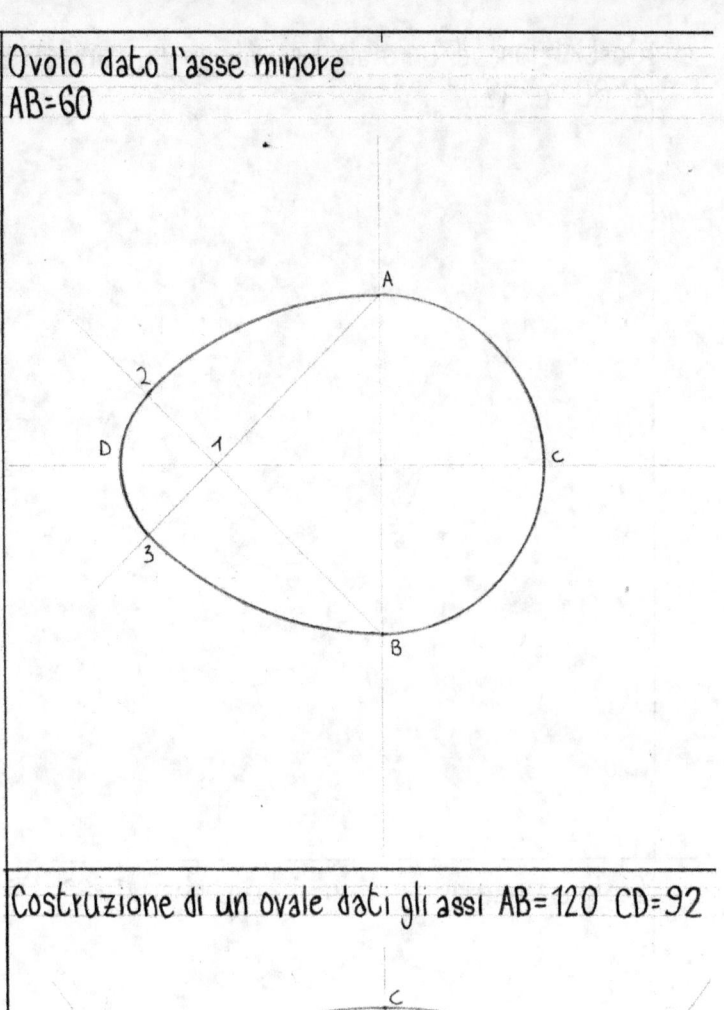

Costruzione di un ovale dati gli assi AB=120 CD=92

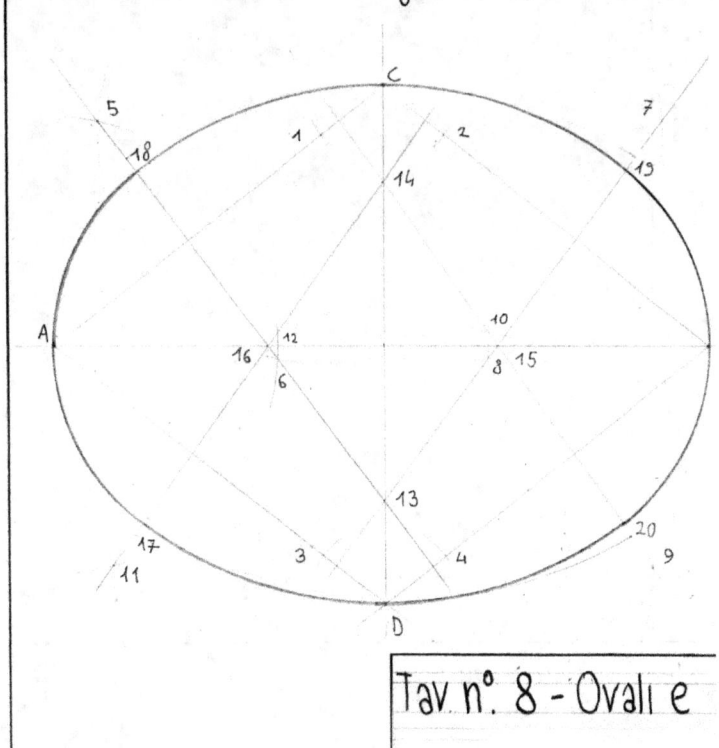

Tav. n°. 8 - Ovali e

Costruzione di un ovale inscritto in un rombo con angoli di 60° e 120°

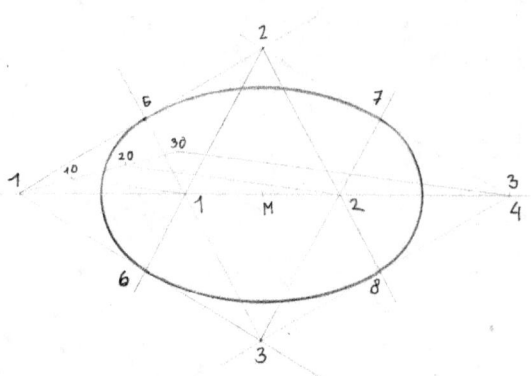

Costruzione di un ovolo dati gli assi AB=69 CD=51

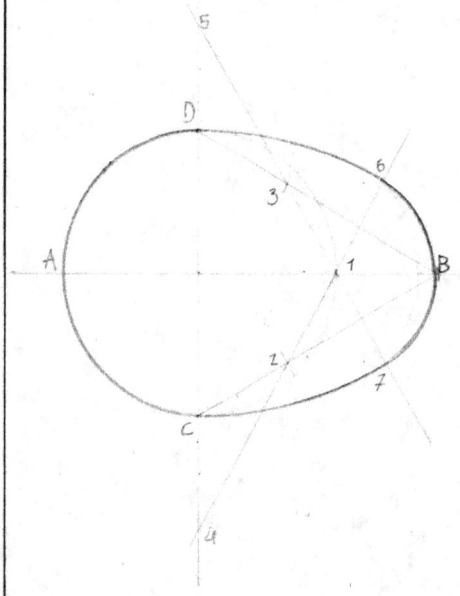

ovoli

L	B
1E	30/03/2016

Costruzione di un ellisse dati gli assi: metodo del giardiniere

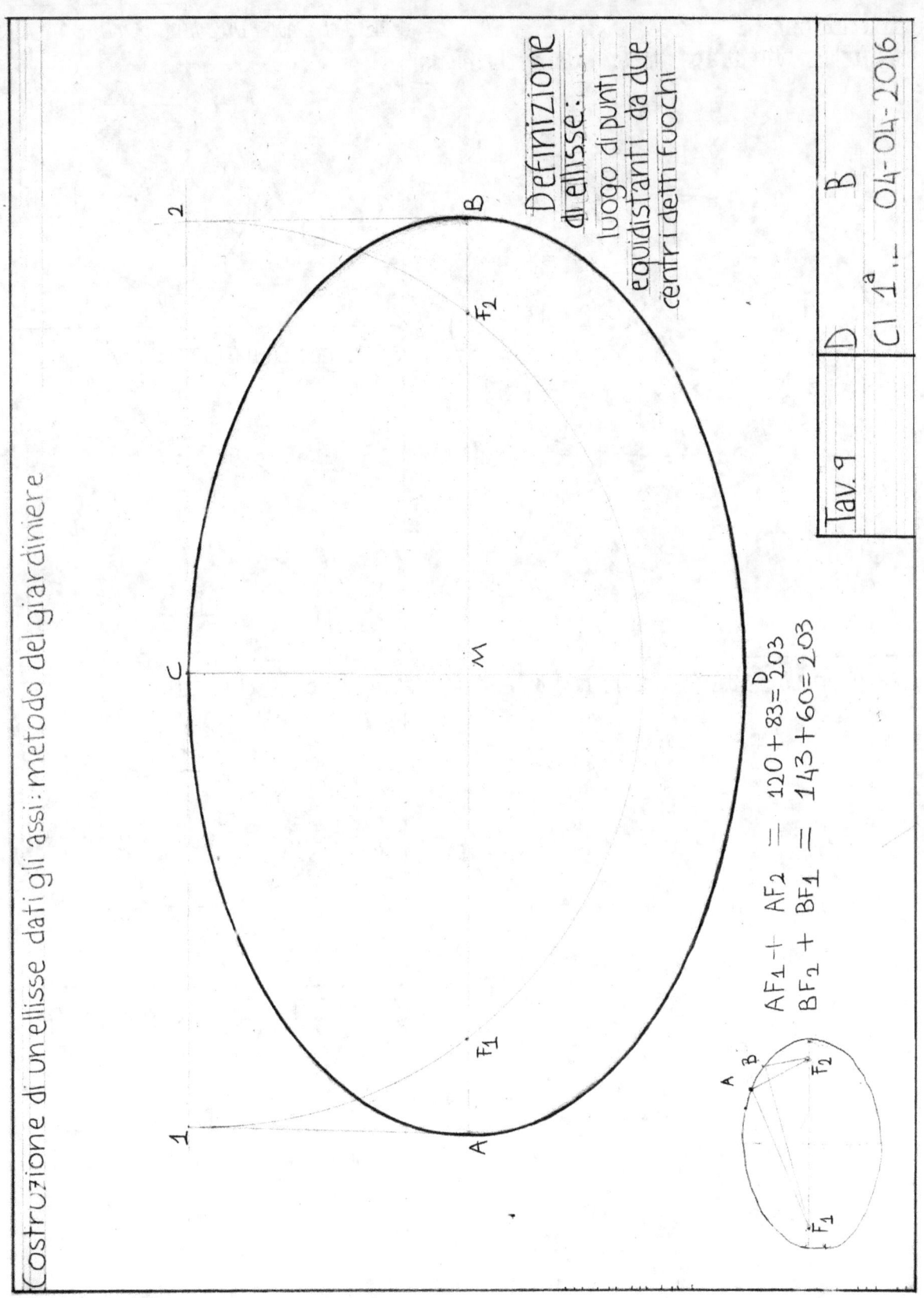

Definizione
di ellisse:

luogo di punti
equidistanti da due
centri detti fuochi

$AF_1 + AF_2 = 120 + 83 = 203$
$BF_2 + BF_1 = 143 + 60 = 203$

Tav. 9	D	B
Cl 1^a	04-04-2016	

35

Costruzione
di un ellisse dati gli assi : metodo dei cerchi concent

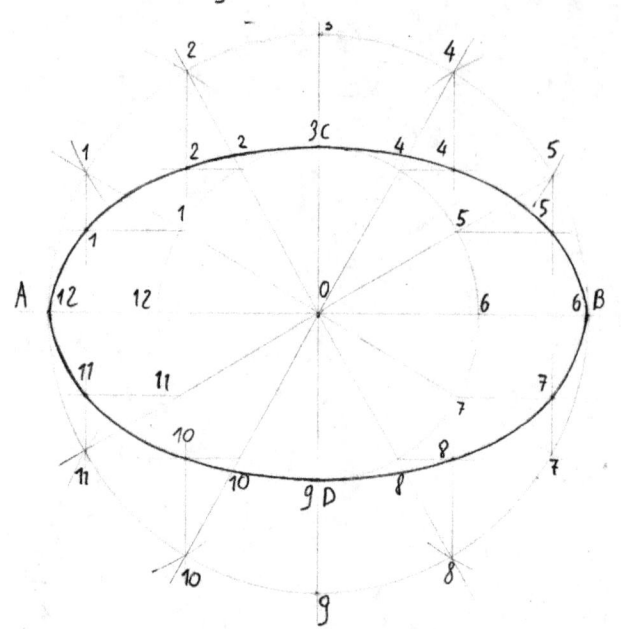

ione di un ellisse dati gli assi : metodo dei cerchi conce

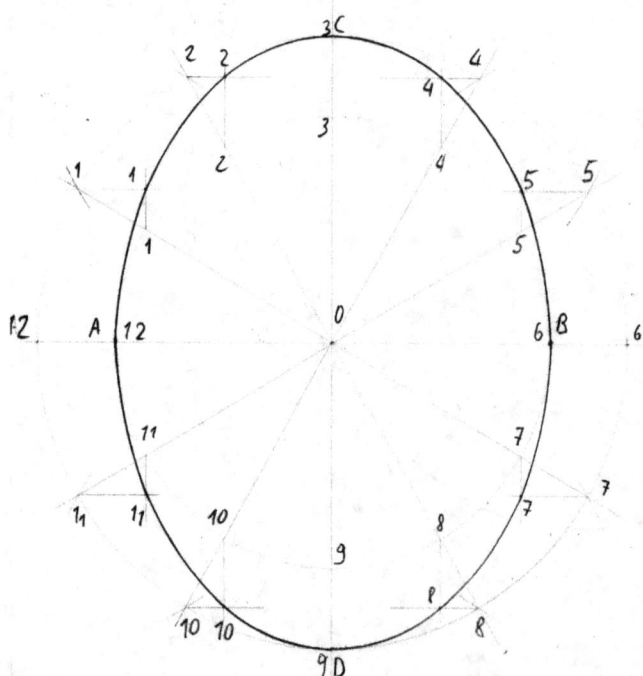

Ellisse che non é un ellisse perché é un cer

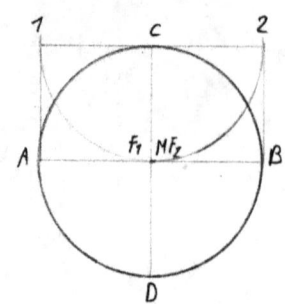

Ellisse che é quasi un cerchio

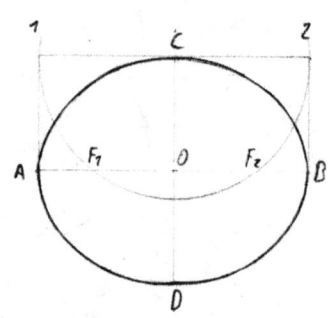

Ellisse molto schiacciato

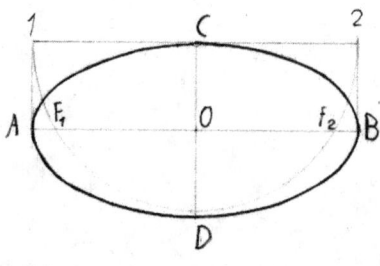

Ellisse che non é un ellisse perché é un segmer

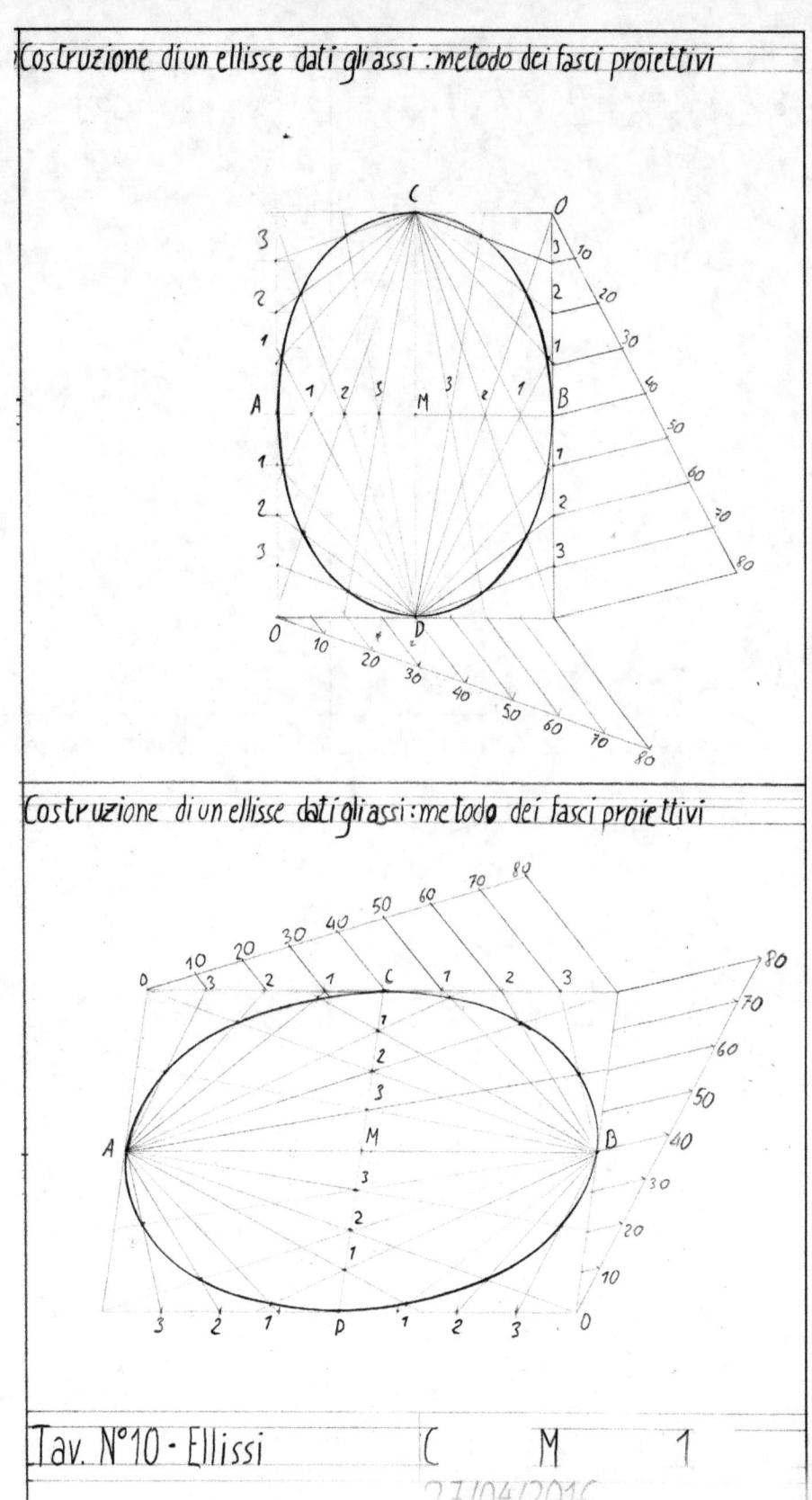

Costruzione di un ellisse dati gli assi : metodo dei fasci proiettivi

Tav. N°10 - Ellissi   C   M   1

27/04/2016

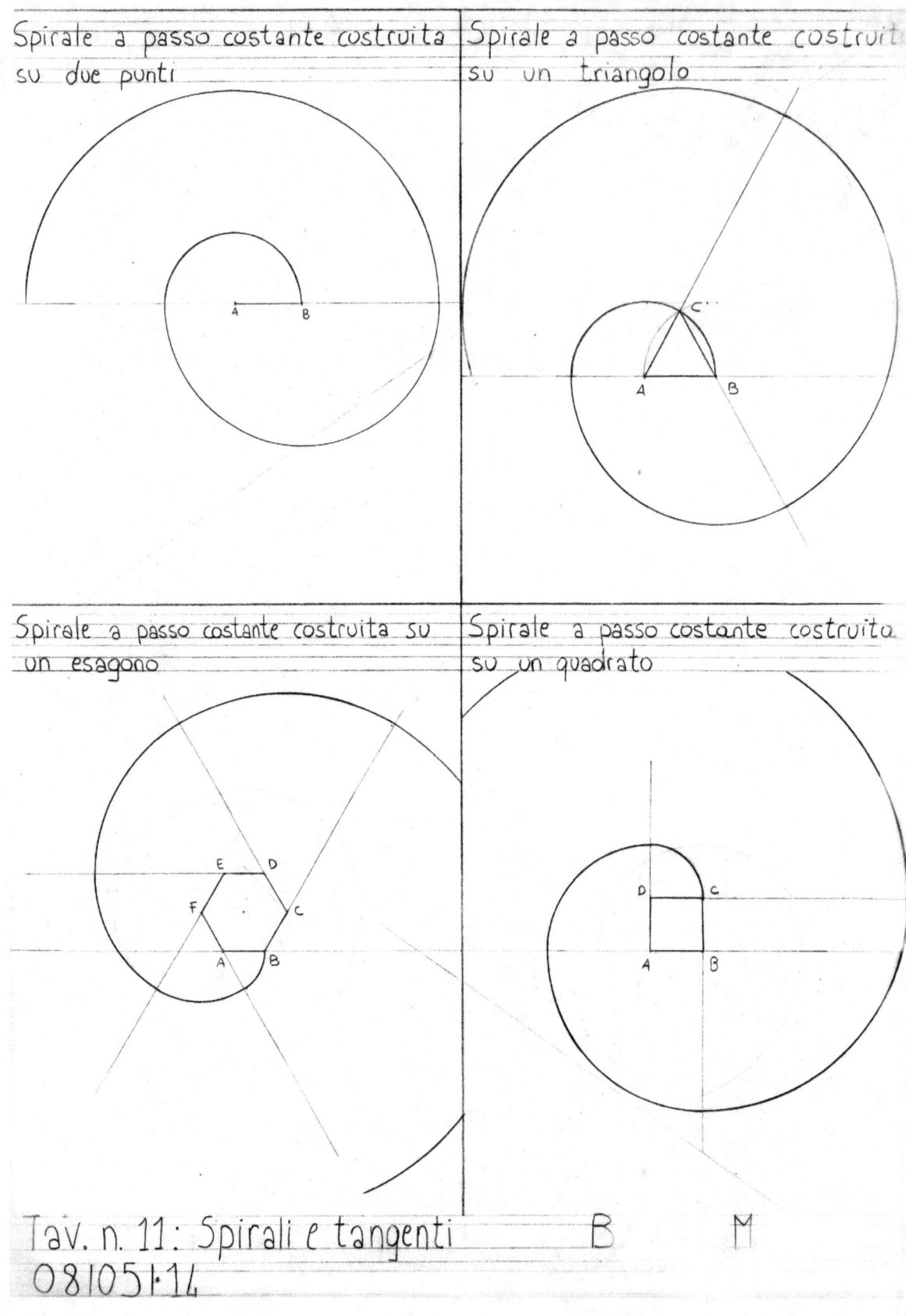

Spirale a passo costante costruita su due punti

Spirale a passo costante costruita su un triangolo

Spirale a passo costante costruita su un esagono

Spirale a passo costante costruita su un quadrato

Tav. n. 11: Spirali e tangenti   B   M

08105114

38

Costruzione di una tangente ad una circonferenza per un punto esterno ad essa

Costruzione delle tangenti a due circonferenze di raggio diverso

Spirale di Archimede

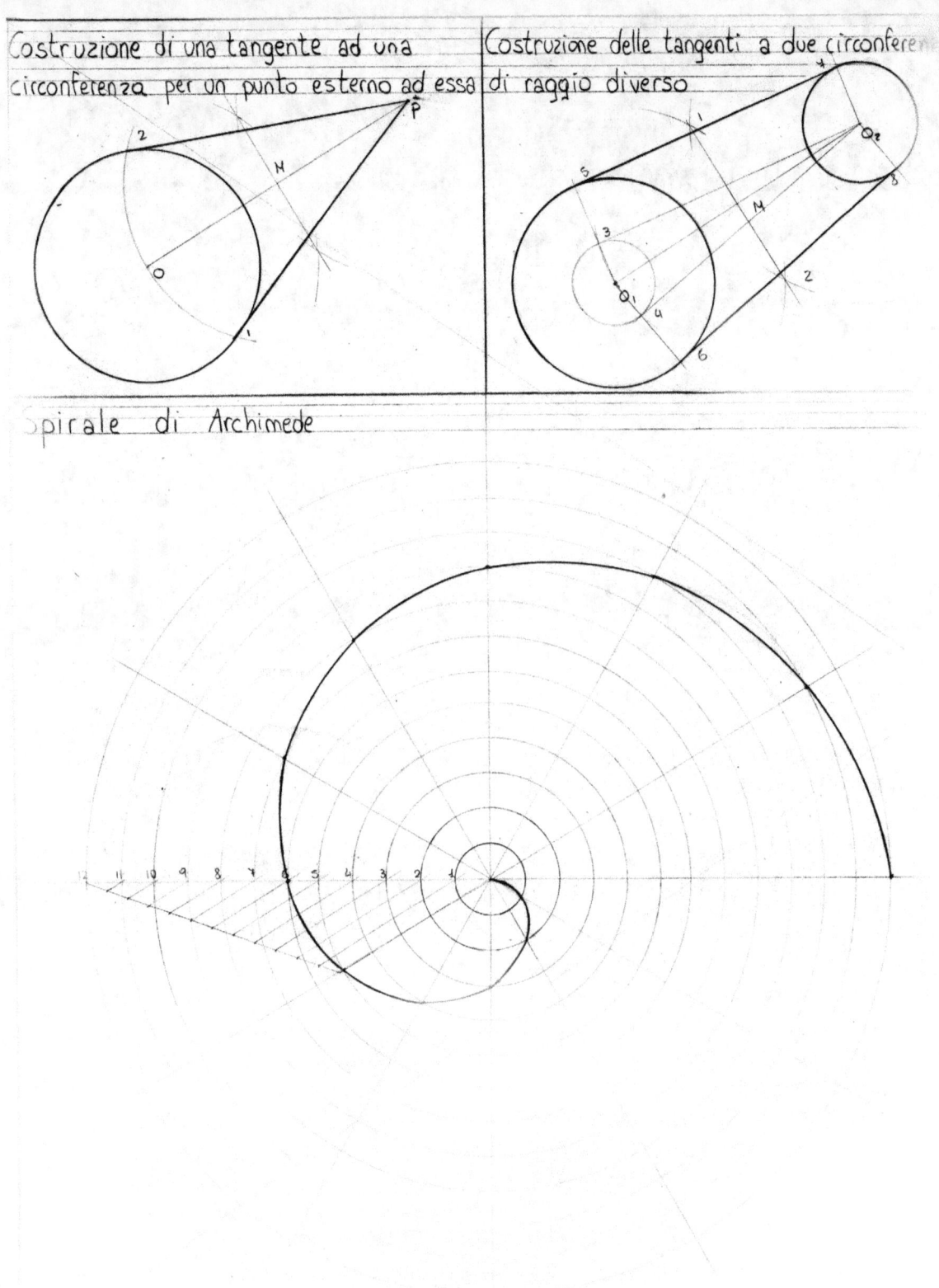

Parabola: luogo di punti equidistanti da un centro detto fuoco e da una retta detta direttrice

Costruzione di una parabola dati il fuoco e la direttrice

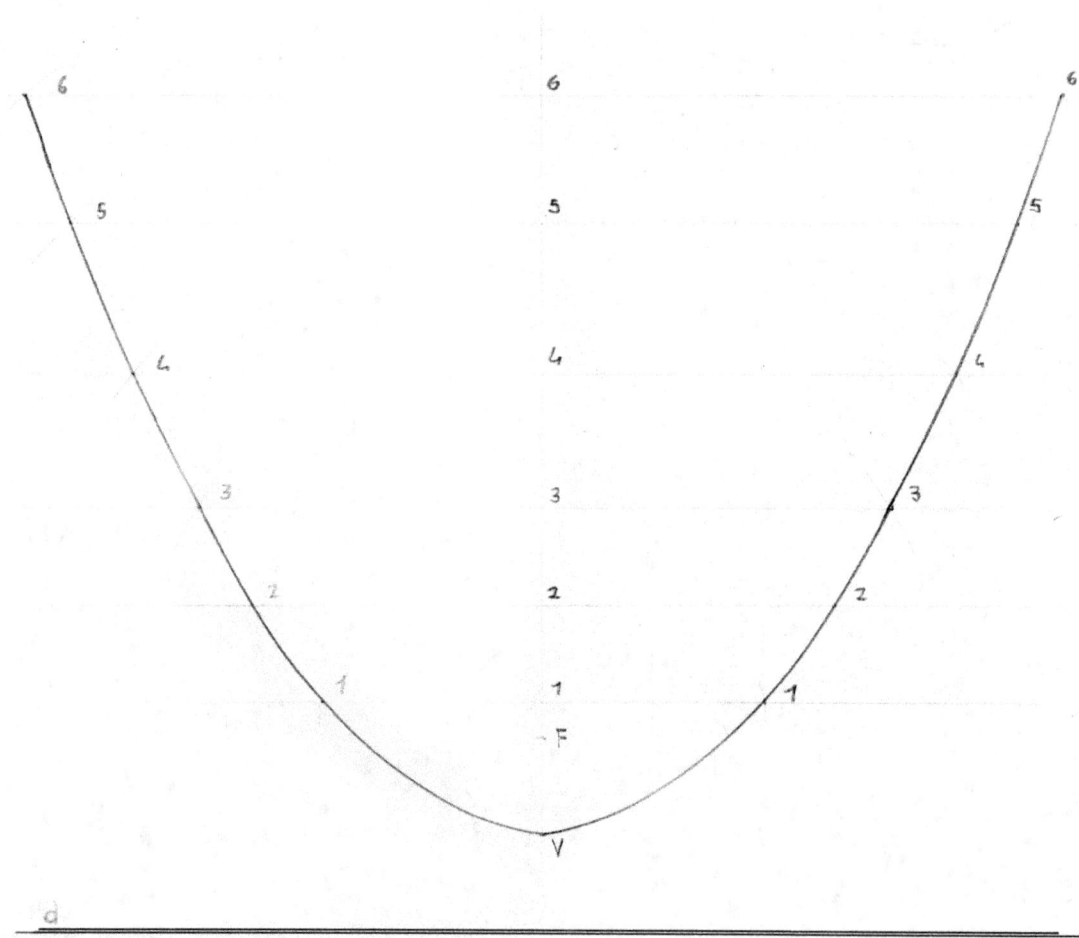

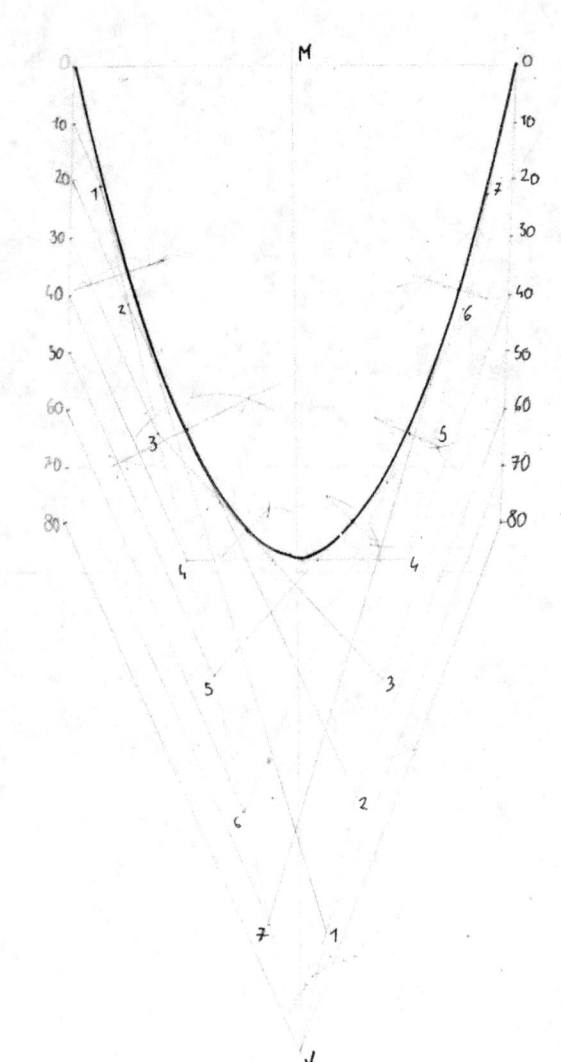

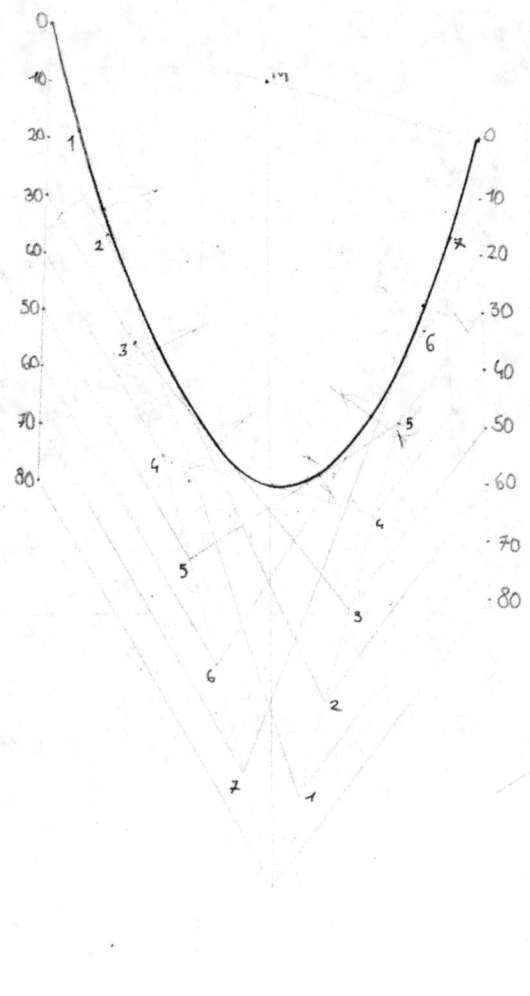

Tav n° 12- Costruzione di parabole

09/05/201

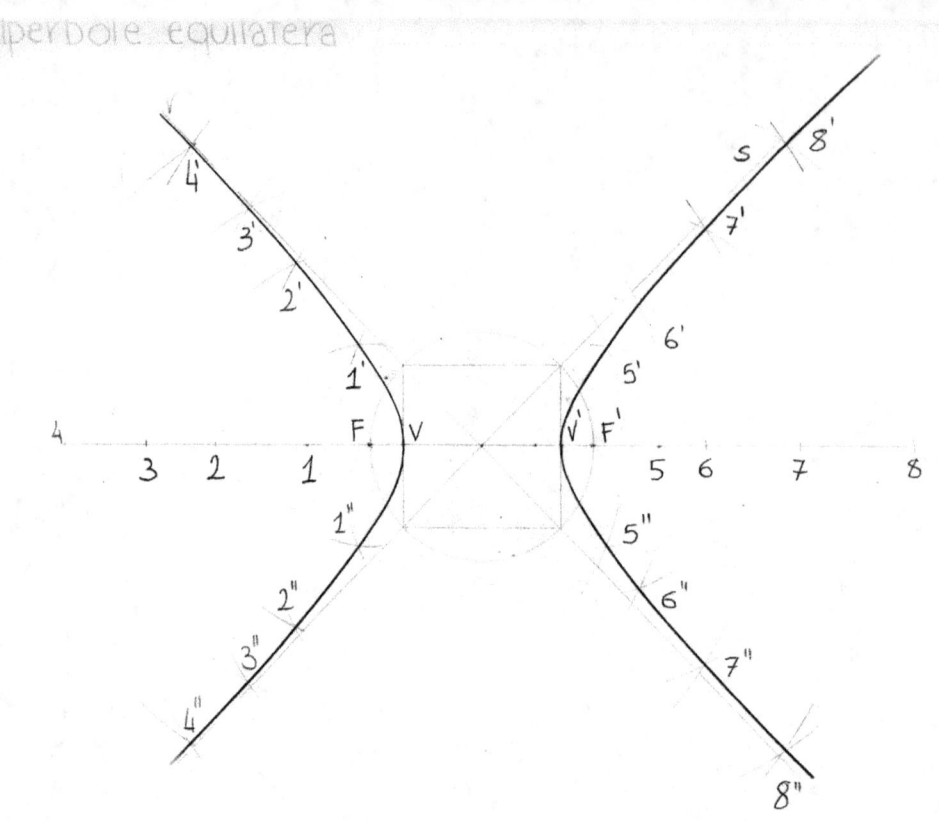

Definizione di iperbole: luogo di punti aventi differenze costanti da due punti detti fuochi.

Iperbole ottusa

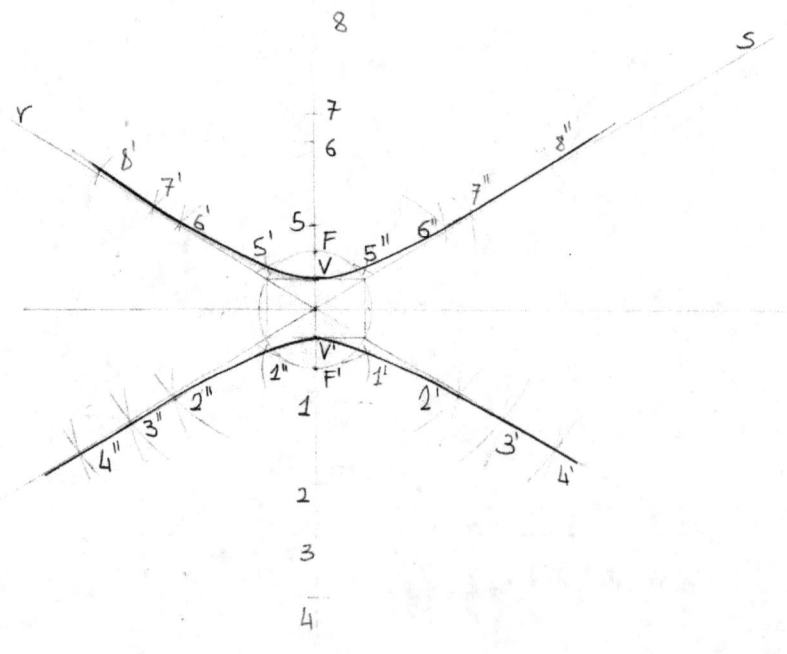

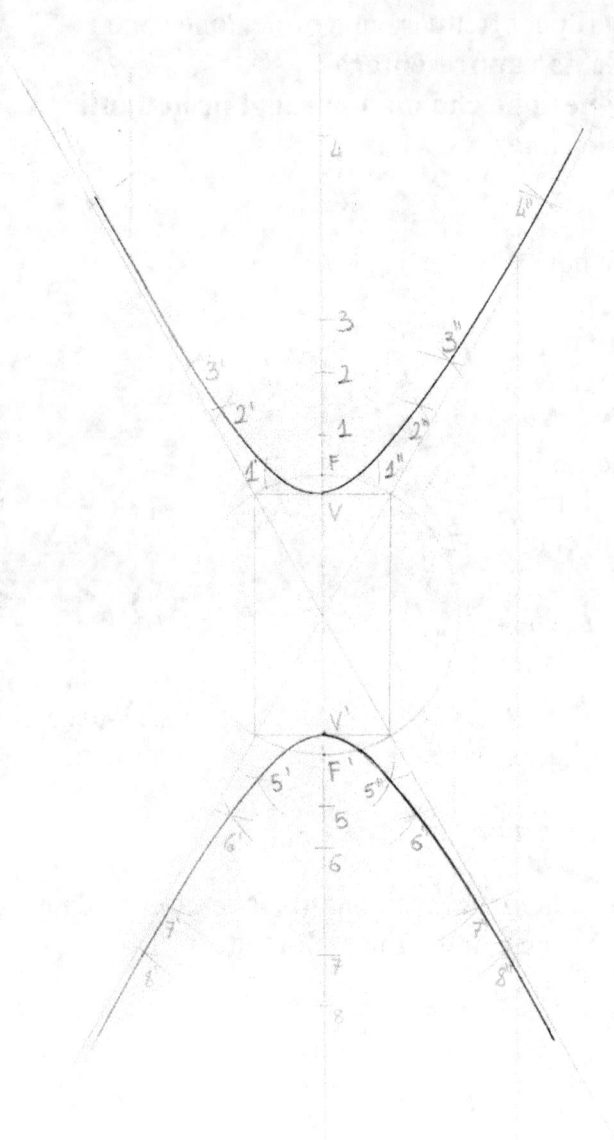

Definizione di asintoto: retta alla quale la curva si avvicina
sempre piu' senza mai toccarla.

| Tav n.13 - Costruzione di | D | B |
| iperboli | 1° | 10-05-2016 |

Fondamenti di geometria proiettiva.

Gli elementi necessari per effettuare una proiezione sono :
1) **Oggetto reale da rappresentare**
2) **Centro di proiezione che manda raggi proiettanti**
3) **Piano di proiezione**

Operazione di proiezione: consiste nel mandare un raggio proiettante dal centro di proiezione al punto reale.

Operazione di sezione: consiste nell'intersezione del raggio proiettante con il piano di proiezione, individuando un immagine del punto reale.

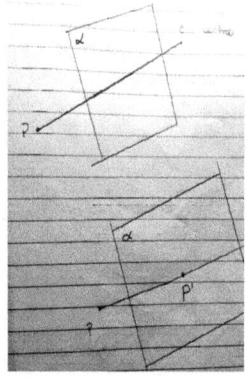 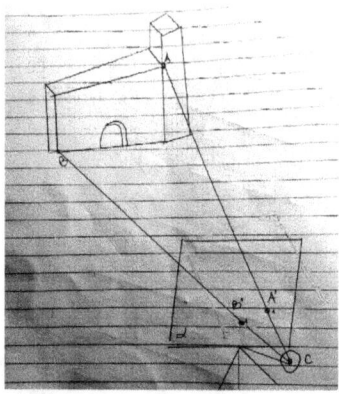

esempio di proiezione e sezione: collimare un edificio

Proprietà della geometria proiettiva.

Proprietà dell'appartenenza: se un punto P appartiene alla retta r anche la sua immagine P' apparterrà a r' immagine della retta r .

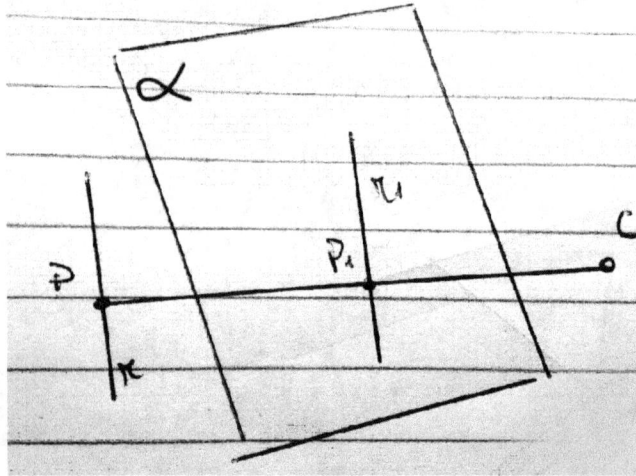

Le altre due proprietà sono proprietà dell'incidenza e dell'allineamento.
Proprietà dell' allineamento: se tre punti P, Q e R sono allineati, allora lo saranno anche le loro proiezioni P', Q' e R'.
Proprietà dell'incidenza: se due rette r e s sono incidenti nel punto P, lo saranno anche le loro proiezioni r', s' nel punto P'

Proiezione di rette

Prima di procedere con la proiezione della retta va accennata la definizione di rette parallele. Due rette complanari si dicono parallele quando: non si incontrano mai, mantengono sempre la stessa distanza, si incontrano all'infinito. Quest'ultimo postulato è spesso oggetto di obiezione da parte degli studenti, al di la delle spiegazioni scientifiche è il caso di invitare gli studenti a leggere il passo a metà del testo (ma è auspicabile che sia letto tutto): *I turbamenti del giovane Torless* di Robert Musil.

Proiezione di una retta da centro a distanza finita: per fare la proiezione di una retta bisogna fare la proiezione di due suoi punti. Possono essere due punti qualsiasi ma è consigliato di usare il punto unito e il punto all'infinito.

Punto unito: è quel punto che si trova già sul piano di proiezione. La sua immagine P' coincide con il punto reale P e quindi il punto unito è indifferente al centro di proiezione.

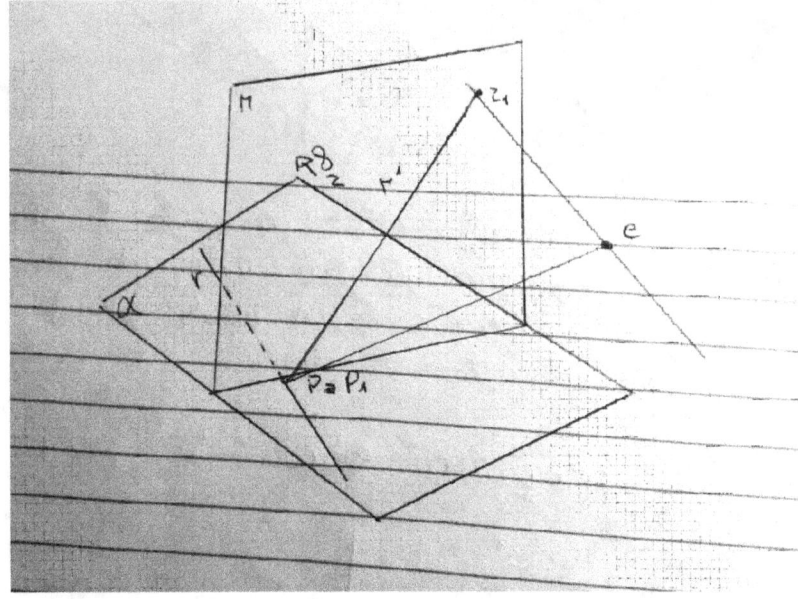

Proiezione di rette parallele proiettate dal centro distanza finita. Rette
parallele proiettate da centri a distanza finita definiscono immagini incidenti
(cioè che convergono su un punto)

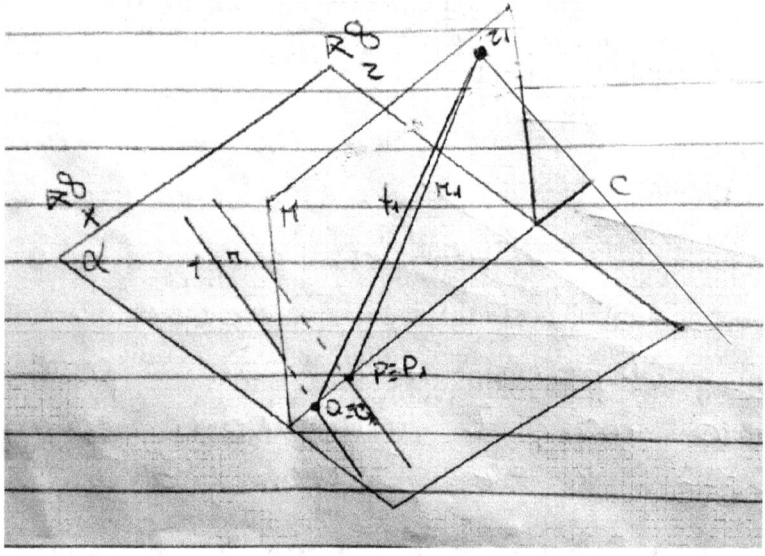

Rette parallele proiettate da centri a distanza infinita.
La risoluzione del problema si affronta con il metodo delle approssimazioni
successive. Rette parallele proiettate da centri a distanza infinita definiscono
immagini anch'esse parallele.

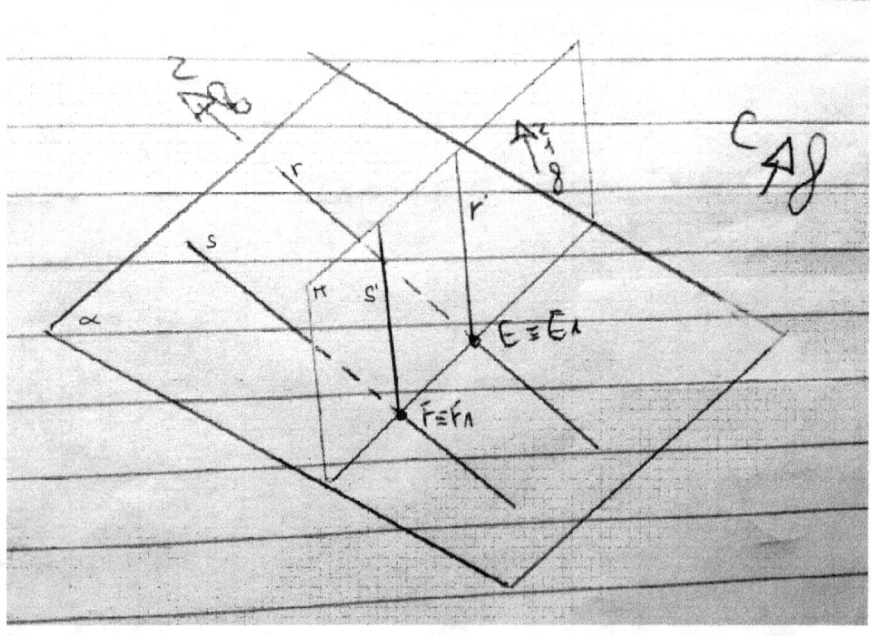

I sistemi di rappresentazione della geometria descrittiva.

Prospettiva . Utilizza centri di proiezione a distanza finita. (le rotaie del treno visivamente sembrano convergere su un punto).

Proiezione ortogonale,assonometrie, teoria delle ombre. Utilizzano centri di proiezione a distanza infinita.

Proiezioni ortogonali

Le proiezioni ortogonali si effettuano su una serie di piani nello spazio, quindi su tre dimensioni e su ciascuna delle proiezioni ortogonali l'oggetto semplificando viene visto frontale, invece il foglio da disegno a due dimensioni quindi dobbiamo appiattire il disegno. Per far ciò ruotiamo verso il basso il piano orizzontale usando come asse di rotazione la linea di terra in modo da disporlo sovrapposto al piano verticale, stessa cosa avviene per il piano laterale ma stavolta l'asse di rotazione è la linea verticale.

Proiezione ortogonale di un solido

Metodo operativo per effettuare una proiezione ortogonale
1. Si disegna la croce delle proiezioni ortogonali e si dispongono i nomi dei piani e della linea di terra.
2. Si inizia dal piano di proiezione dove la base del solido è parallela o appoggiata. Nel caso di un parallelepipedo, essendo le facce dei rettangoli, sono tutte delle basi e quindi si può partire da uno qualsiasi dei tre piani di proiezione. Nel caso di piramidi, se si parte dal piano dove la base è parallela o appoggiata non necessariamente si inizia dal piano orizzontale e su tale prima proiezione bisogna ricordare di disegnare gli spigoli che concorrono al vertice.
3. Si mandano linee di richiamo verso il piano che è parallelo all'asse del solido, si stabilisce l'altezza e l'eventuale distanza dal piano precedente.
4. Una volta individuate le due proiezioni la terza si individua per incrocio di linee di richiamo. Tutto ciò che accade su una linea che in origine era unica e poi si spezza in due, si riporta col compasso.

Un solido si dice retto quando l'asse, cioè la linea che congiunge i due baricentri delle basi o il baricentro della base e il vertice, è perpendicolare alla base.

Operazione di proiezione

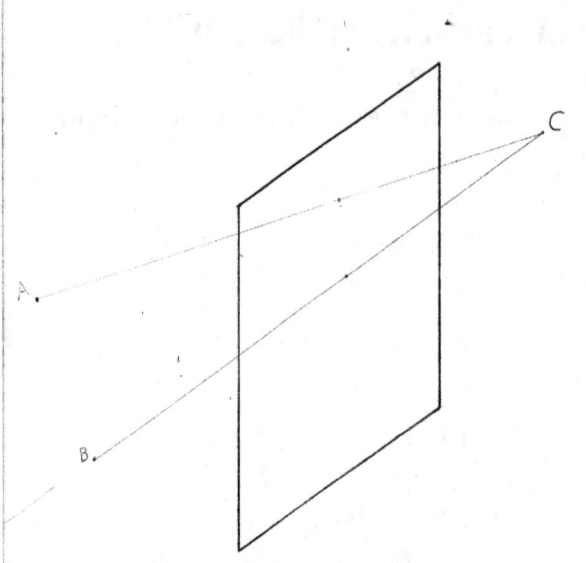

Operazione di proiezione : consiste nel mandare un raggio proiettante da un centro di proiezione a un punto reale

Proprietà dell'appartenenza

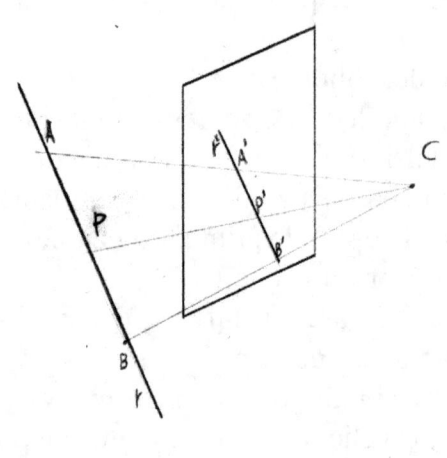

Se un punto P appartiene ad una retta r anche la sua immagine P' apparterrà alla retta r' immagine della retta r

Operazione di sezione

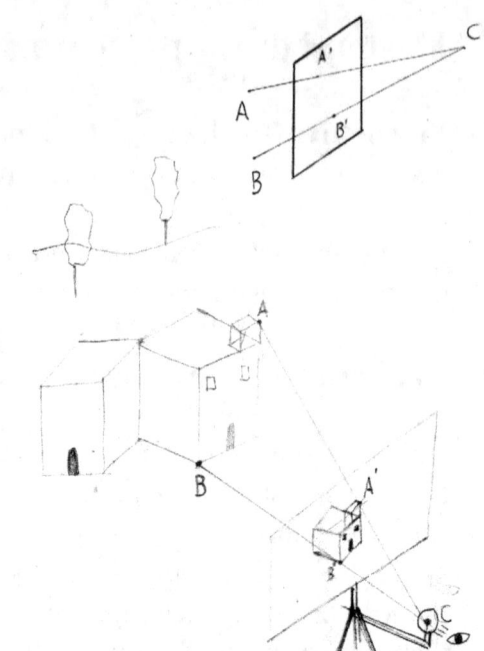

Operazione di sezione : consiste nell' di proiezione, individuando delle

Proprietà dell'allineamento

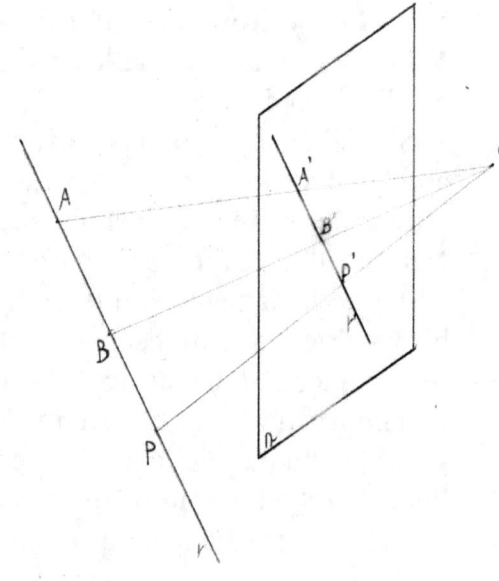

Se 3 punti sono allineati lo saranno rispettive proiezioni

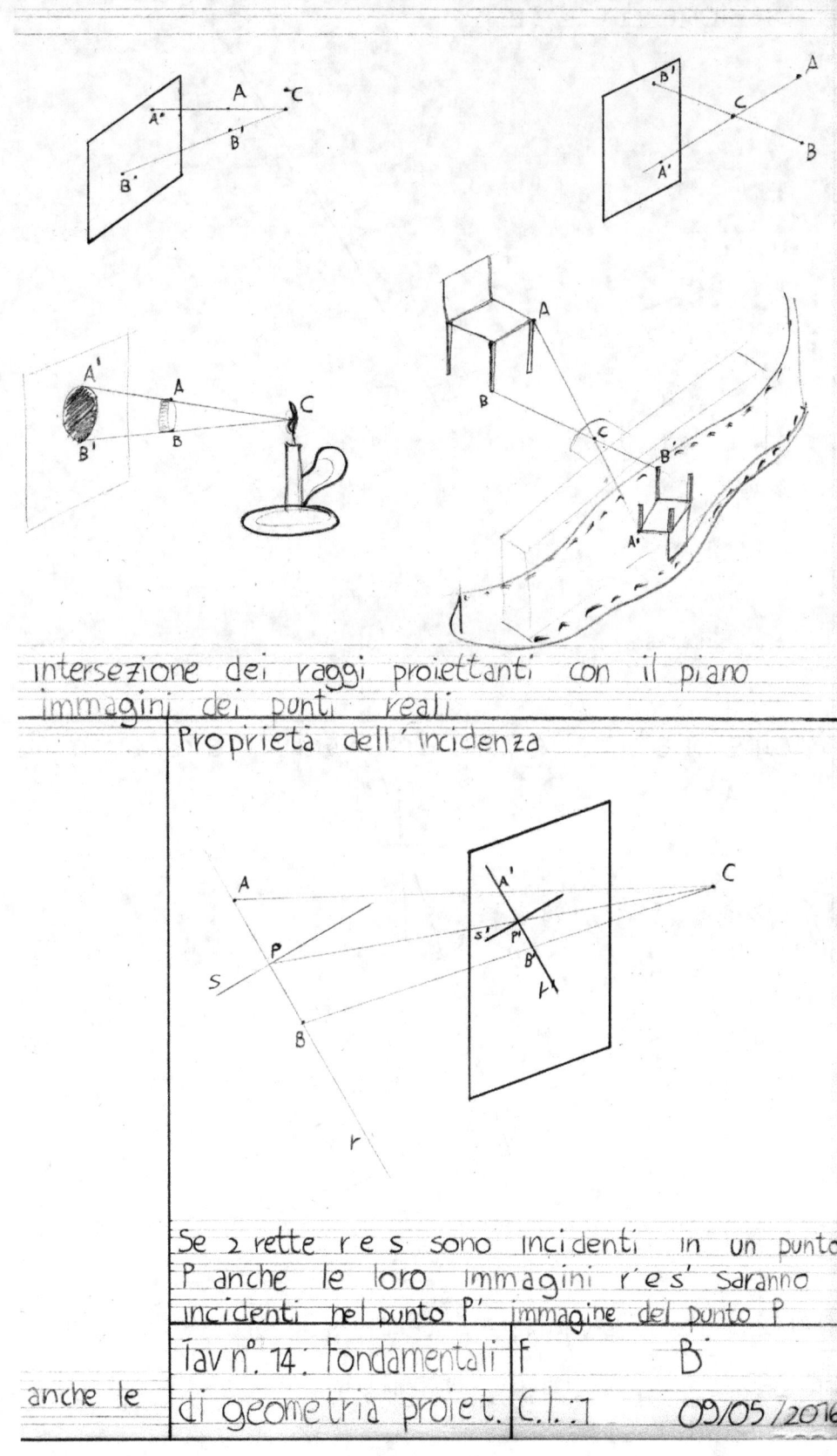

intersezione dei raggi proiettanti con il piano
immagini dei punti reali

Proprietà dell'incidenza

Se 2 rette r e s sono incidenti in un punto
P anche le loro immagini r' e s' saranno
incidenti nel punto P' immagine del punto P

anche le	Tav n°. 14: Fondamentali di geometria proiet.	F C.I. :1	B 09/05/2016

49

Proiezione di una retta

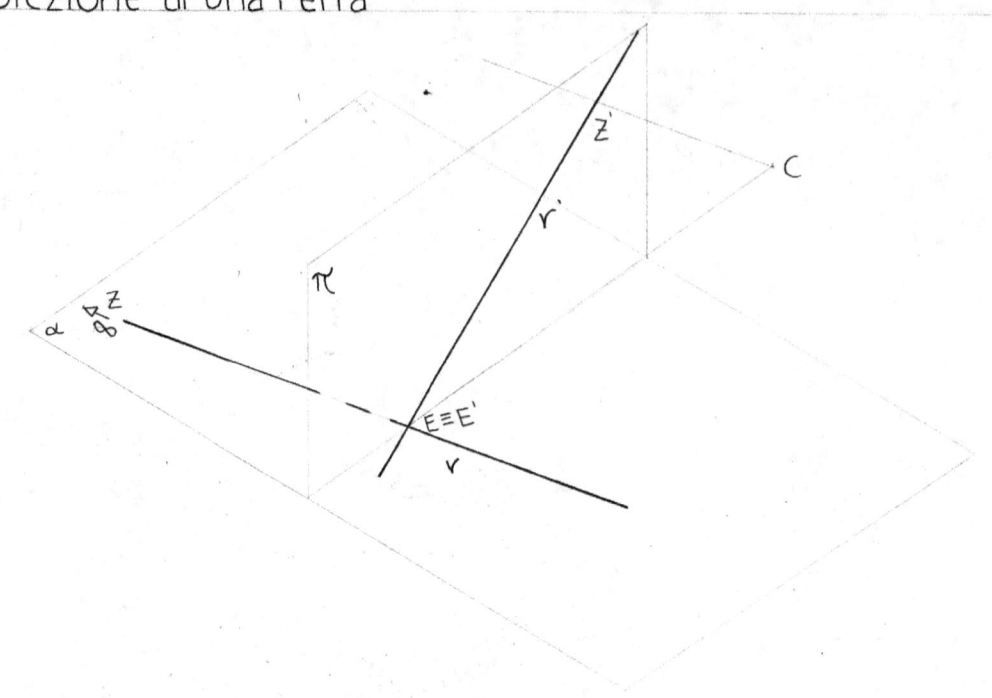

Proiezione di rette parallele da centri a distanza finita

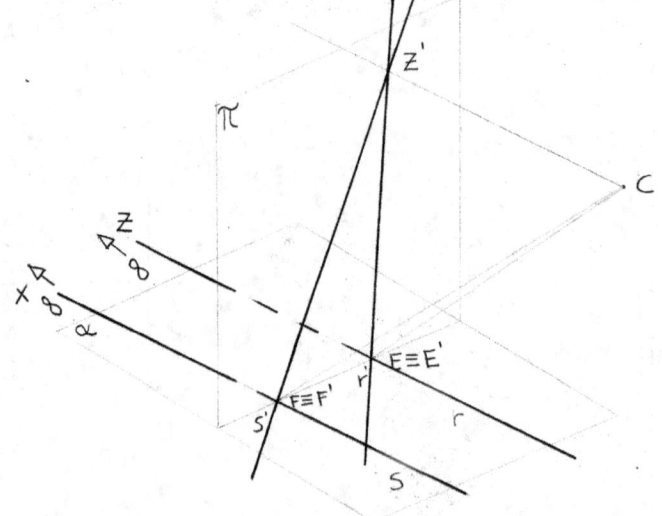

Rette parallele proiettate da centri a distanza finita definiscono immagini incidenti tra loro

Rette parallele proiettate da centri a distanza infinita definiscono immagini parallele tra loro

Per eseguire la proiezione di una retta
bisogna fare la proiezione di due punti
appartenenti ad essa, preferibilmente il
punto unito e il punto infinito.

Definizione di punto unito:
punto che si trova gia' sul piano di
proiezione.

Proiezione di rette parallele da centri a distanza infinita

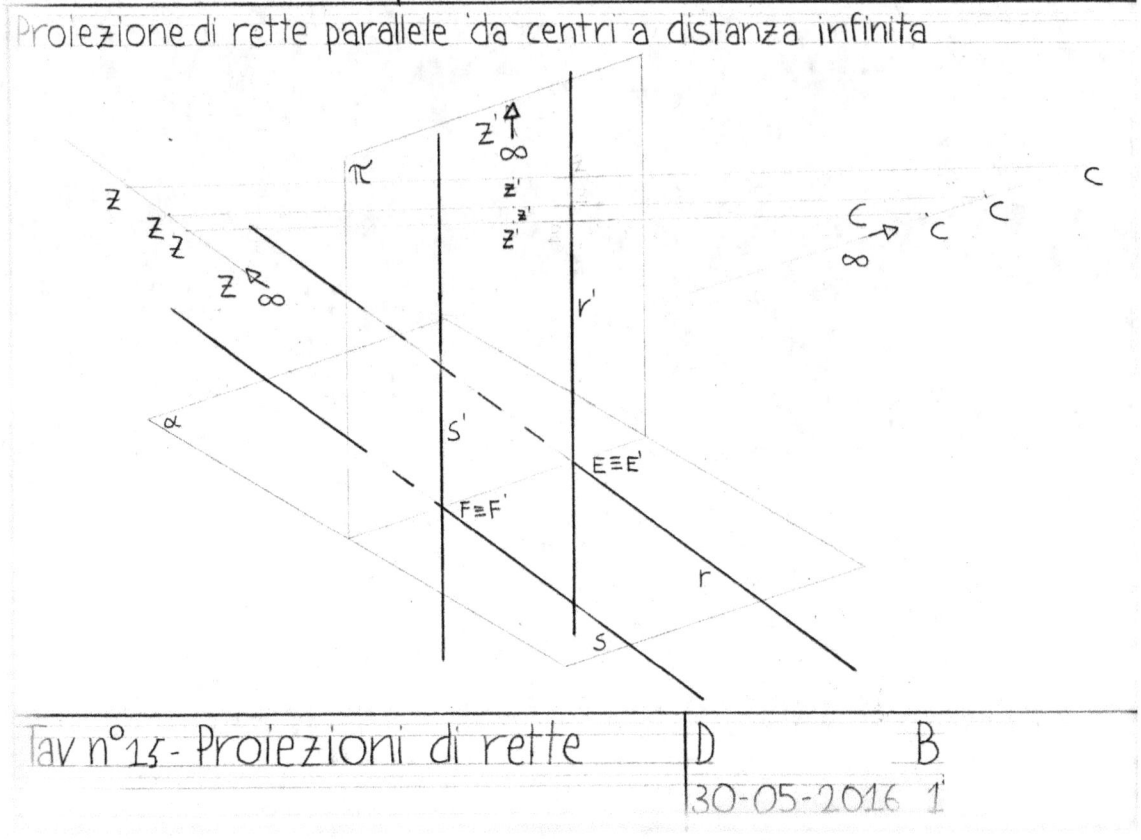

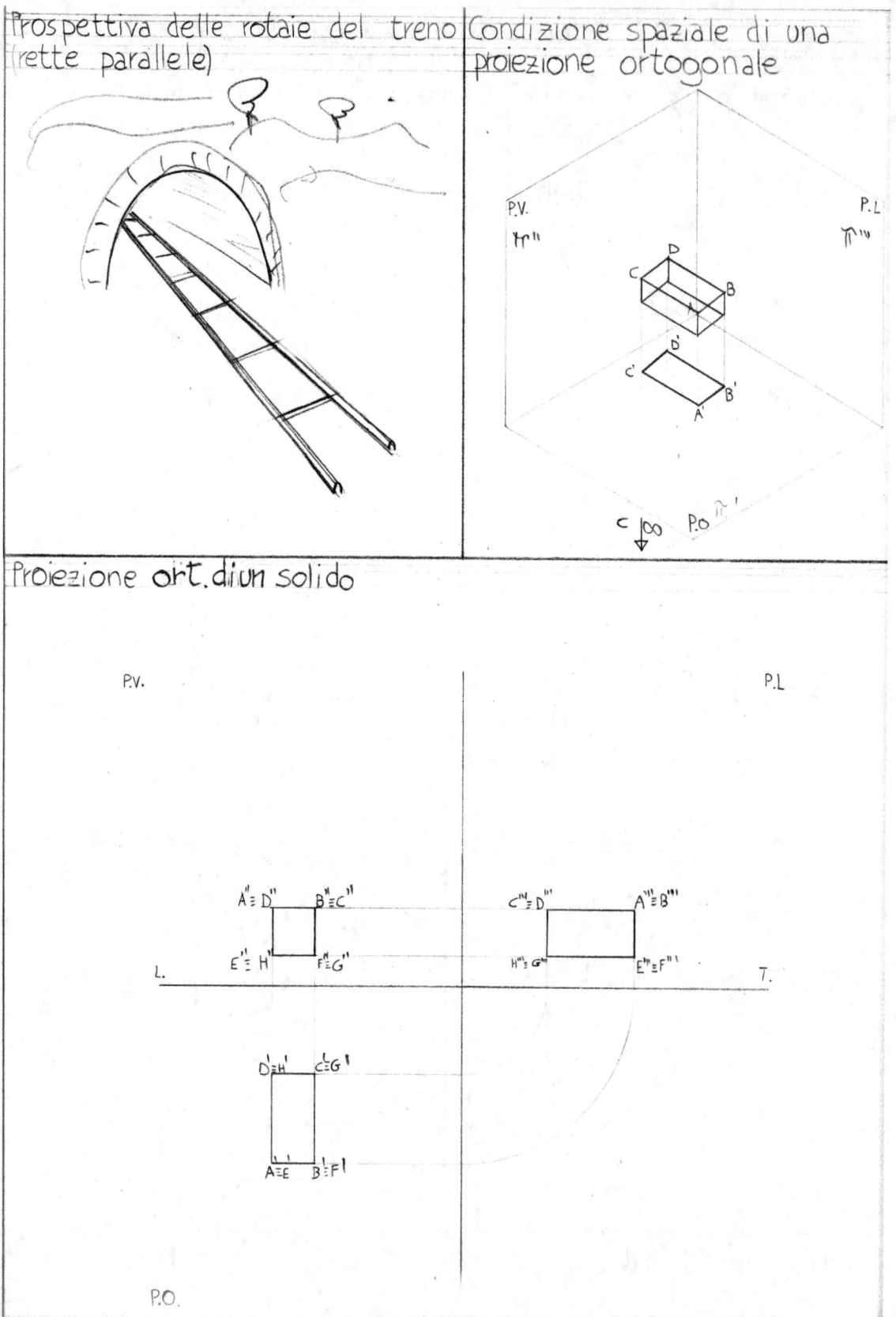

Prospettiva delle rotaie del treno (rette parallele)

Condizione spaziale di una proiezione ortogonale

P.V.
π"

P.L
π'''

P.O.

Proiezione ort. di un solido

P.V.

P.L

L.

T.

P.O.

52

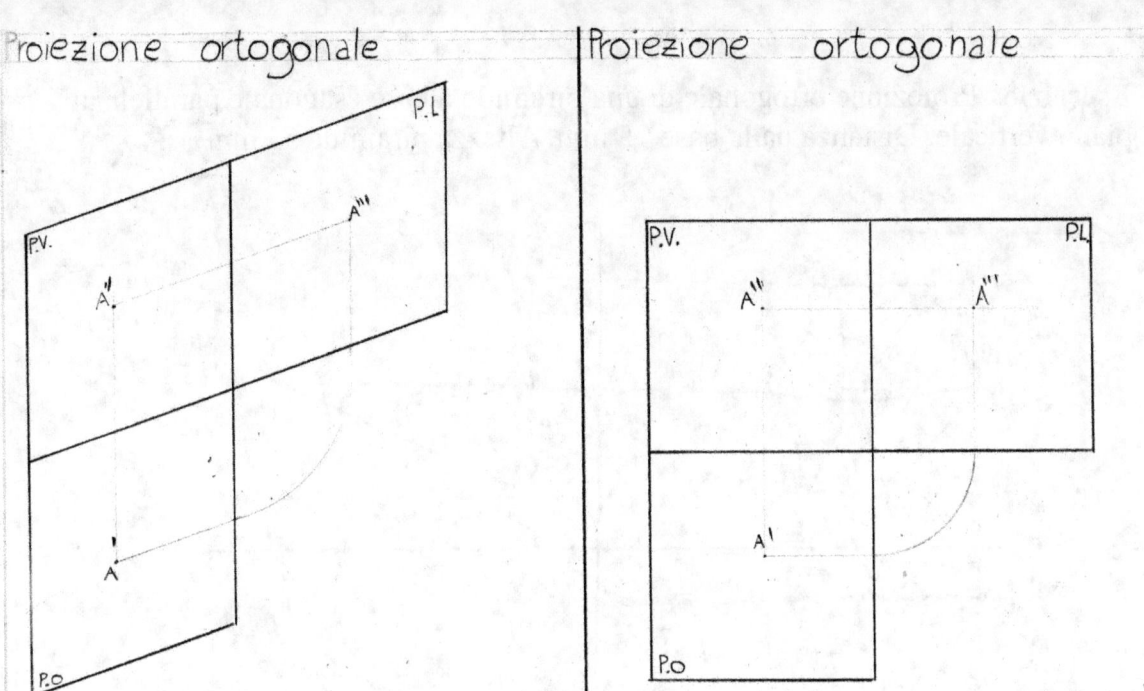

Proiezione ortogonale

Proiezione ortogonale

P.L

P.V.

A''

A'

A

P.O

P.V.

P.L

A''

A'''

A'

P.O

Assonometria obliqua

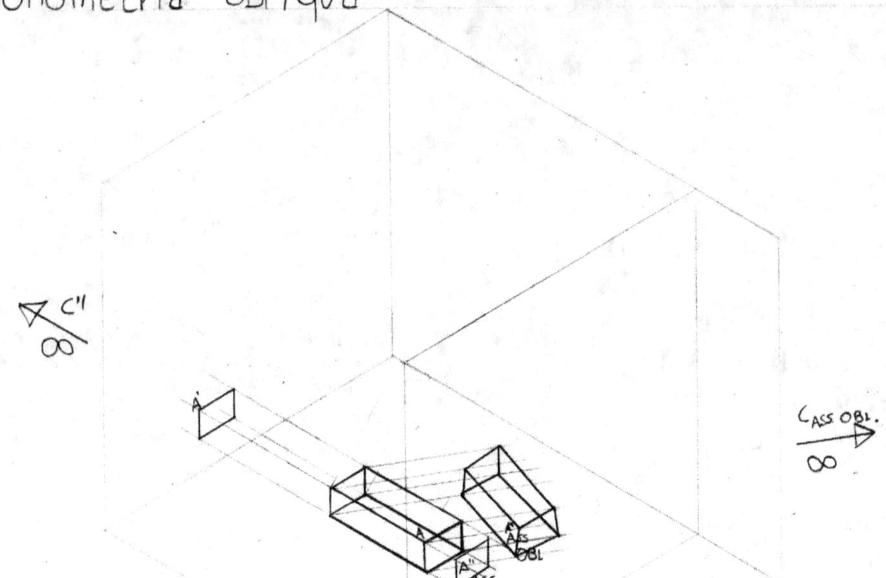

C''

∞

C_ASS OBL.

∞

A'

A''
ASS
ORT.

A'
ASS
OBL

α

C_ASS.ORT.

∞

Esercizio. Proiezione ortogonale di una piramide a base esagonale parallela al piano verticale. Distanza dalla base 15 mm. Altezza piramide 55 mm

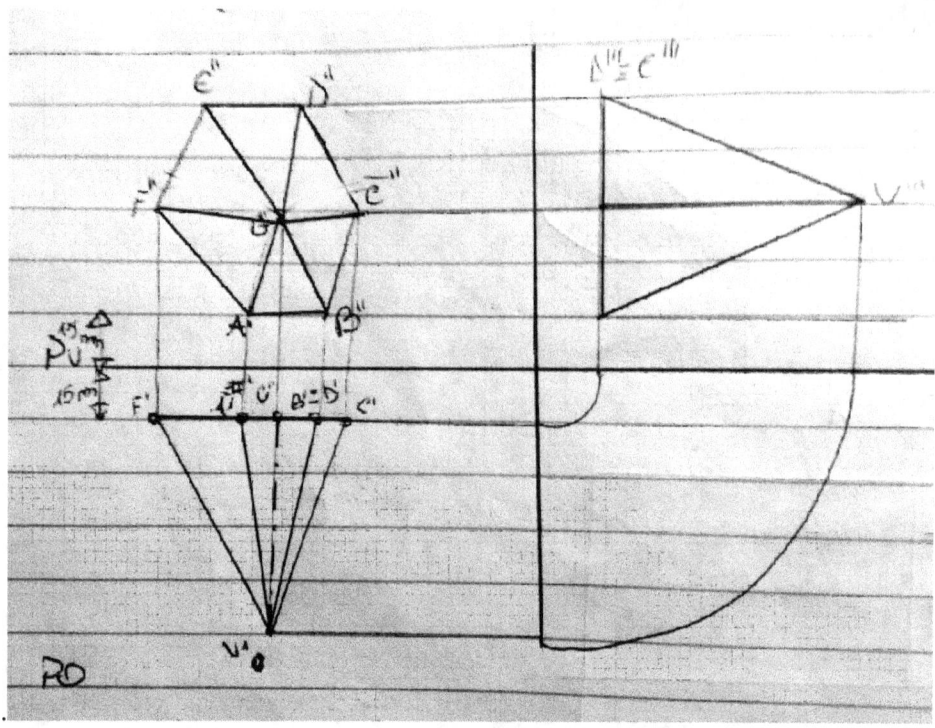

Proiezione ortogonale di piani

Proiezione ortogonale di un piano generico.(inclinato sui piani di proiezione)

A rigore fare la proiezione ortogonale di un piano comporta di proiettare tutti i suoi punti, cioè dovremmo annerire tutti i piani proiezione perché il piano è infinito. Quindi non si considera il piano bensì le tracce individuate sui piani di proiezione ortogonale.

Traccia. Si dice traccia la linea di intersezione di un piano generico con un piano di proiezione.

Proiezione ortogonale di un piano alfa perpendicolare ad un piano di proiezione e inclinato sugli altri due.

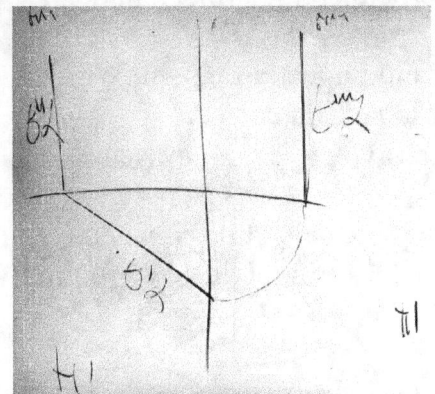

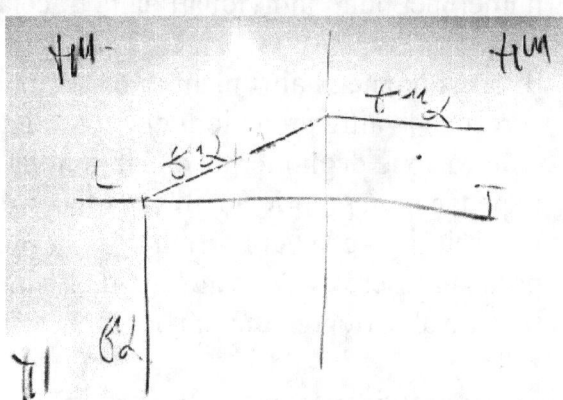

Proiezione ortogonale di un piano alfa perpendicolare al piano orizzontale

Proiezione ortogonale di un piano alfa perpendicolare al piano verticale

Non solo nei caso dei piani ma anche in altri enti geometrici, se non viene esplicitata qualche altra condizione, è obbligatorio ritenerla generica.

La condizione di perpendicolarità tra un piano alfa è un piano di proiezione ortogonale si evidenzia sui piani opposti con una linea perpendicolare (o parallela) alla linea di terra.

Esercizio. Proiezione ortogonale di un piano perpendicolare al piano laterale (P.L.) Proiezione ortogonale di un piano perpendicolare al piano orizzontale (P.O.) e verticale (P.V.).

Proiezione ortogonale di solidi sezionati

Sezione di un solido: significa tagliarlo con un piano, eliminarne una parte, di solito quella superiore e sviluppare la parte restante . L'esempio più comune è la pianta di un edificio: effettuare la pianta di un edificio significa tagliarlo con un pianto orizzontale, di solito all'altezza delle finestre, buttare via la parte sopra, mettersi al suo posto con la visione e osservare quello che resta.

Metodo operativo
1. Disegnare la proiezione ortogonale del solido non sezionato.

2. Disporre le tracce del piano di sezione con la accortezza di non sezionare al base.

3. Si osserva la traccia dove si formano i 90 gradi e si dispongono una serie di numeri nei punti individuati dalla traccia, all'incrocio con le proiezioni degli spigoli

4. Si prosegue negli altri piani di proiezione mandando linee di richiamo e cercando le altre proiezioni dei numeri già individuati. La corretta collocazione degli incroci che individua le successive proiezioni avviene rispettando la proprietà dell'appartenenza.

5. Le proiezioni e la vera forma della sezione della parte del solido rimanente, possono essere evidenziate con delle linee parallele sottili inclinate di 45 gradi rispetto all'ortogonalità di riferimento.

Nel caso di solidi sezionati alle due tipologie di linee di costruzione e di ingrossamento ne va affiancata una terza intermedia, come spessore ed evidenza, tra le altre due. Viene utilizzata per evidenziare tracce, linea di terra e linea verticale.

Esercizio. Proiezione ortogonale di una piramide a base esagonale parallela al piano P.O. sezionata da un piano alfa perpendicolare al P.V. e inclinato di 60 gradi sul P.O. Ricostruzione della vera forma della superficie sezionata.

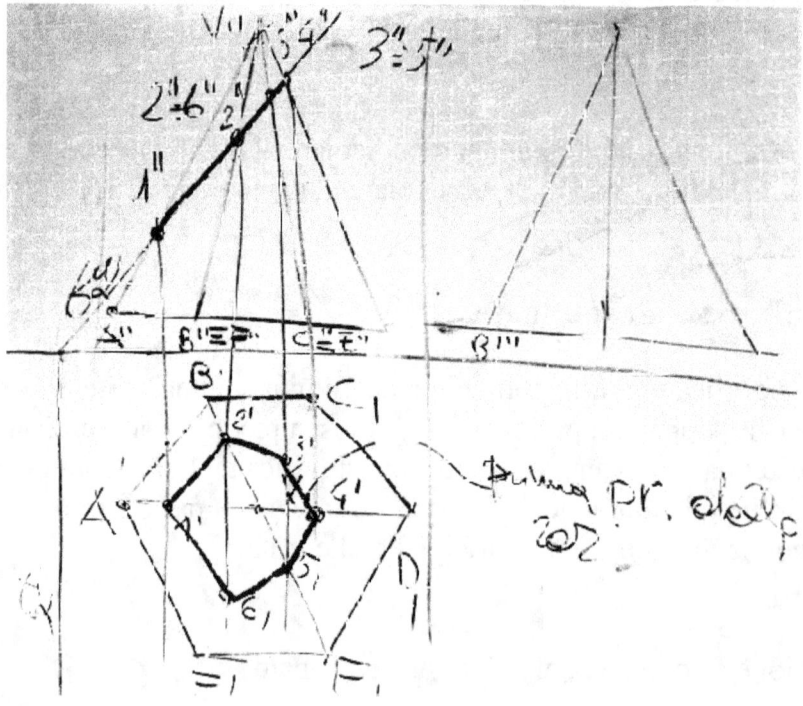

Ricostruzione della vera forma della superficie sezionata.

Per costruire la vera forma bisogna ribaltare il piano di sezione usando come asse di rotazione la traccia dove si formano i 90 gradi e si vede subito qual è perché, in quella posizione, la proiezione della parte sezionata è un segmento. Attraverso il ribaltamento del piano si ribaltano le tracce (oltre alla superficie sezionata) quindi la linea delle tracce ribaltate prende lo stesso nome della traccia di partenza aggiungendo delle parentesi per evitare di confondere gli elementi con due nomi uguali. Il lavoro prosegue mandando linee di richiamo uscenti dalle rispettive proiezioni dei punti. Tali richiami si dispongono paralleli e o perpendicolari all'asse di rotazione (traccia). Si completa il disegno evidenziando la vera forma superficie sezionata delle linee parallele sottili . Come già detto tale tratteggio ha linee inclinate di 45 gradi rispetto alla ortogonalità presente in quella zona. Si ingrossa anche ciò che resta del solido dopo la perdita di una sua parte a seguito della sezione.

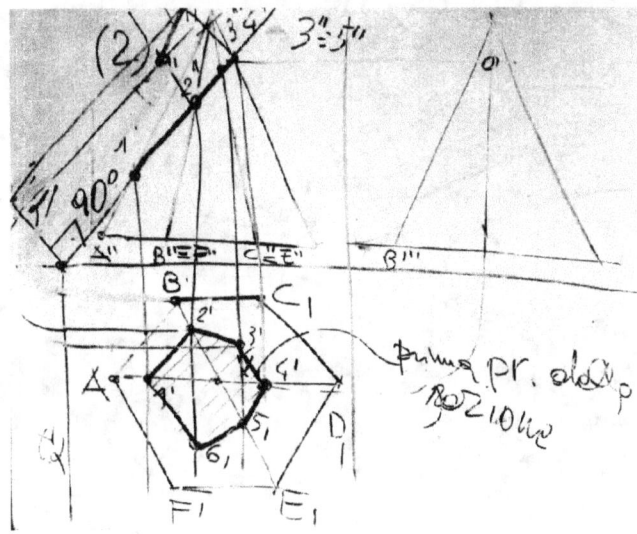

Le linee inclinate a 45 gradi che individuano gli ambiti sezionati devono mantenere sempre la stessa distanza tra loro (circa 2 mm)

Assonometrie

Assonometrie ortogonali e oblique

Una proiezione ortogonale rappresenta di solito le facce dell'oggetto nella reale forma e misura, una alla volta su un piano di proiezione. Un'assonometria invece deforma una o più facce dell'oggetto ma lo rappresenta, su un solo piano di proiezione, con un effetto di tridimensionalità.

Un'assonometria ortogonale che utilizza piani di proiezione ortogonali paralleli al piano di proiezione ortogonale anche se dal punto di vista teorico è possibile fa ricadere la rappresentazione assonometrica in una proiezione ortogonale. Normalmente una assonometria rappresenta un oggetto, in una sola vista evidenziando la profondità dello stesso. In questo caso non vi è profondità , quindi non ha molto senso dal punto di vista grafico e di conseguenza il piano non può essere in tal modo disposto. Di conseguenza l'assonometria ortogonale può usare solo piani inclinati. La disposizione dei piani suddetta è invece perfettamente valida nell'assonometria obliqua.

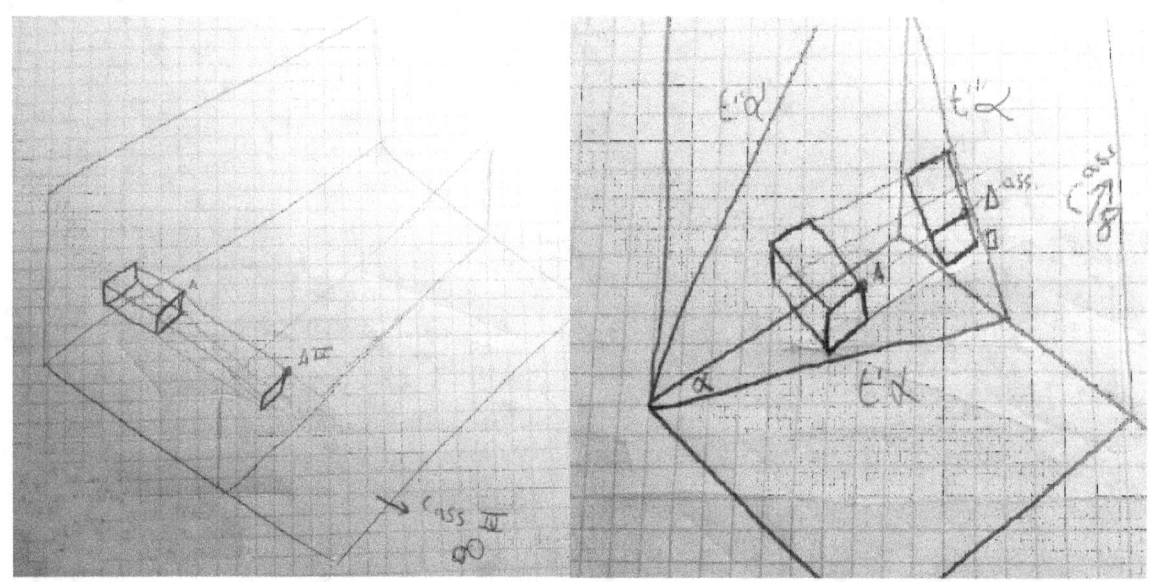

Assonometria ortogonale con un piano di proiezione assonometrica perpendic. al piano orizzontale. Ricade in proiezione ortogonale.

Assonometria ortogonale con un piano di proiezione assonometrica inclinato.

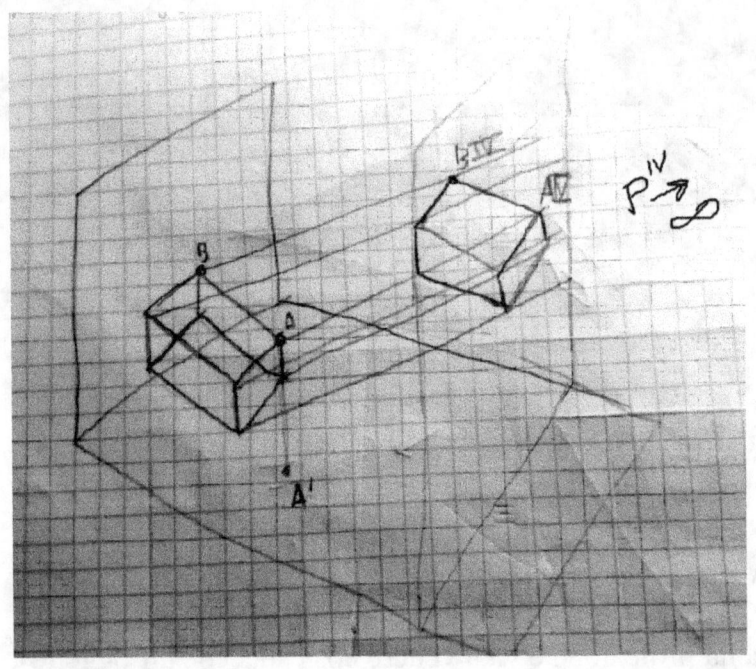

Assonometria obliqua con un piano di proiezione assonometrica perpendicolare al piano orizzontale.

Nell' assonometria obliqua il piano di proiezione assonometrico può restare parallelo e perpendicolare ai piani di proiezione ortogonale (facce dell'oggetto). Ciò accade perché, nonostante la faccia parallela al piano di proiezione assonometrico non venga deformata come nel caso precedente, essendo inclinati i raggi, si crea nella rappresentazione la profondità dell'oggetto.

Teorema di Pohlke delle assonometrie

Enunciato: Presi su un piano di proiezione assonometrica tre segmenti di lunghezza e direzione arbitraria U`x, U`y U`z, uscenti dallo stesso punto O', si possono sempre definire come la proiezione assonometrica di tre segmenti di lunghezza unitaria Ux, Uy, Uz, proiettati secondo una determinata direzione L e uscenti dallo stesso punto O a due a due perpendicolari tra di loro.

Teorema di Polhke con piano assonometrico orizzontale

Quello che è importante negli schemi assonometrici non è la riduzione metrica tra segmenti reale e la sua immagine ma i rapporti di riduzione tra le immagini (U'z, U'x, U'y) quindi quello che conta sono le proporzioni tra i singoli segmenti proiettati.

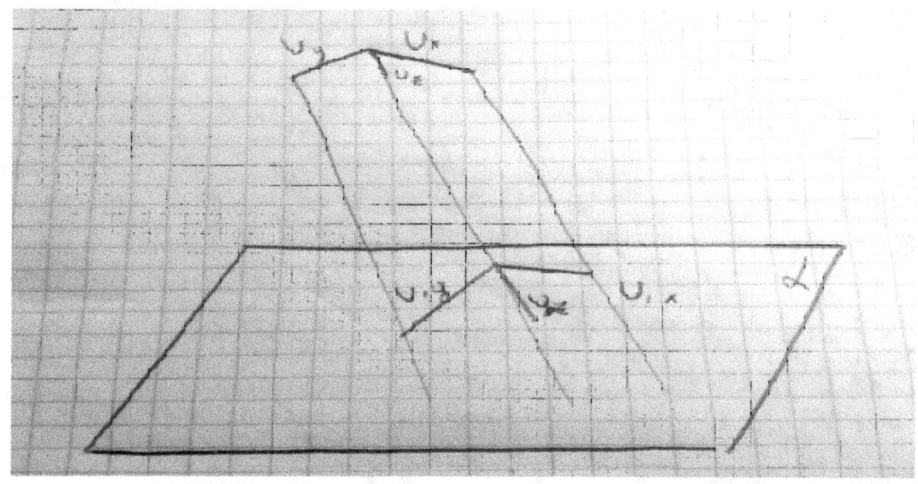

Con il teorema di Pohlke viene invertita la progressione della proiezione, nel senso che di solito partiva dall'oggetto reale per arrivare alla proiezione, il teorema di Pohlke parte della proiezione e va a vedere cosa succede all'oggetto reale di partenza.

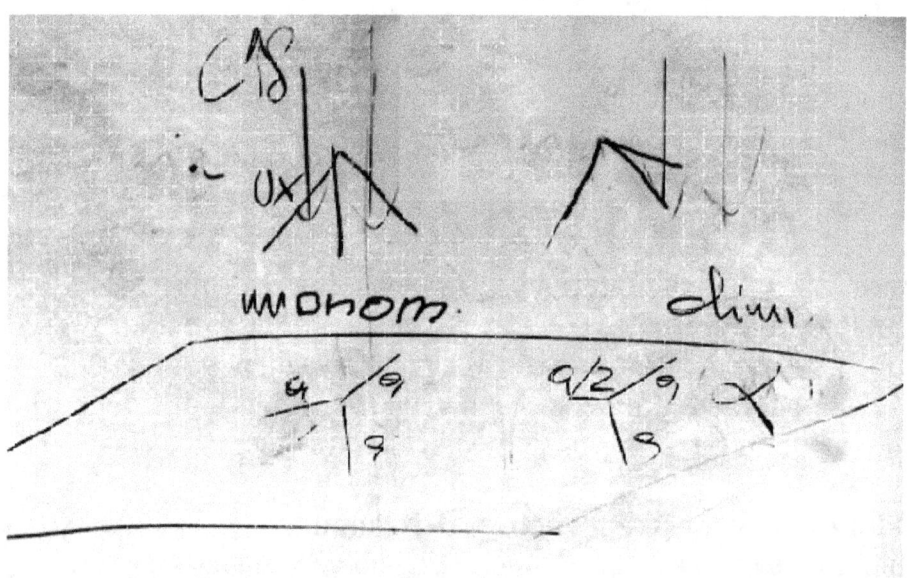

Schema di assonometria ortogonale monometrica e dimetrica

Assonometria ortogonale monometrica (isometrica) e dimetrica

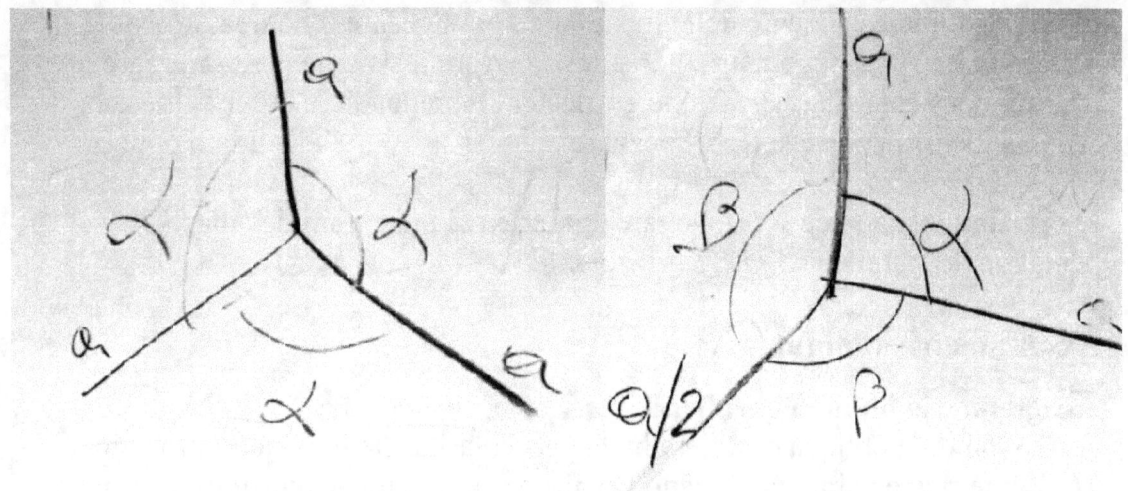

Gli schemi qui sopra derivano dalle proiezioni del teorema di Pohlke che è estremamente generico. Abbiamo attinto degli schemi particolari che sono rispettivamente dell'assonometria ortogonale monometrica (isometrica) e dimetrica.

Si ribadisce che nelle assonometrie quello che è importante non è la riduzione metrica tra proiezione e segmento reale bensì le relazioni tra le tre immagini, cioè le riduzioni tra le proiezioni. L'assonometria ortogonale monometrica operativamente utilizza compasso a destra e compasso a sinistra del sistema di assi. L'assonometria ortogonale dimetrica utilizza compasso a destra (asse x) e applicazione grafica del teorema di Talete a sinistra (asse y) in quanto su tale asse le misure vanno dimezzate.

Metodo operativo per effettuare un assonometria

L'assonometria si ricostruisce un punto per volta.

1. Si parte dalla proiezione ortogonale e si disegna tutto sottile individuando tutte le lettere.

2. Si impostano gli assi assonometrici z, asse x e asse y della assonometria coinvolta.

3. Si utilizzano seconda e terza proiezione ortogonale che vengono riportate usando il compasso (sempre a destra sull'asse x o con l'applicazione grafica del teorema di Talete su y) sulla traslazione degli assi assonometrici x e y alla quota del punto considerato .

4. Una volta raggiunta la traslazione degli assi si prosegue con una linea parallela all'asse opposto. Dalla parte di sinistra richiedendo l'assonometria dimetrica il dimezzamento delle misure non posso usare il compasso (come nell'assonometria monometrica) ma devo trovare il sistema per dimezzare le misure. Il sistema è l'applicazione grafica del teorema di Talete. La linea che arriva sulla traslazione si deve spezzare per arrivare parallela al lato opposto.

Esercizio. Assonometria ortogonale dimetrica di una piramide a base pentagonale parallela al piano orizzontale.

Assonometrie oblique

Assonometria obliqua cavaliera
L'assonometria obliqua cavaliera ha la particolarità che il piano di proiezione assonometrico è parallelo al piano verticale (faccia dell'oggetto). In tal caso la parte frontale dell'oggetto non si deforma, si deforma invece la profondità che viene dimezzata. Quando si afferma che ente geometrico non si deforma significa che non cambiano le misure lineari ma neanche quelle angolari.

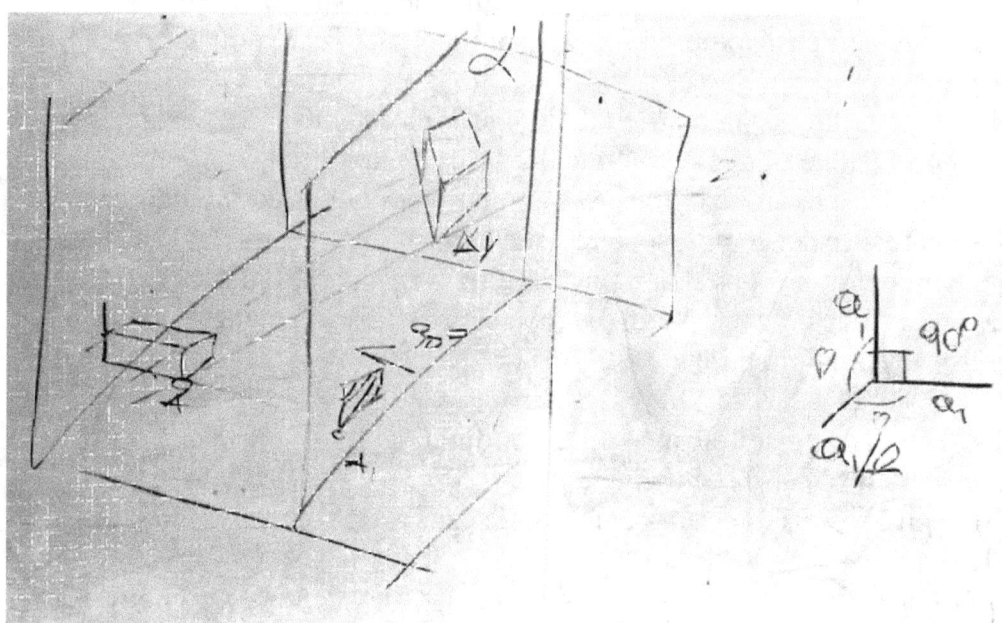

Schemi di assonometria obliqua cavaliera

Assonometria obliqua planometrica

Utilizza una piano di proiezione assonometrico parallelo al piano orizzontale (base dell'oggetto). In tal caso è la base che non viene deformata, si deforma invece l'altezza. Questa assonometria si chiama anche "militare" perché è stata inventata dai comandanti degli eserciti che avevano bisogno di farsi degli schemi del campo di battaglia.

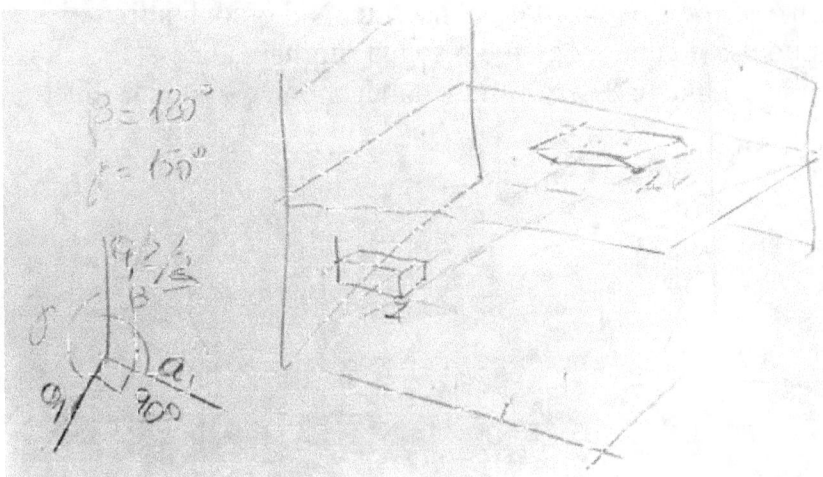

Schemi di assonometria obliqua planometrica

Esercizio. Assonometria ortogonale monometrica di un prisma a base esagonale parallelo al P.O. sezionato da un piano perpendicolare al P.V. con inclinazione a piacere

Esercizio. Assonometria ortogonale dimetrica di una piramide a base pentagonale parallela al P.V. sezionata da un piano perpendicolare al P.O. inclinato di 30 su P.V.
Si consiglia di fare lo schizzo preliminare a mano libera per individuare l'effetto assonometrico relativo al solido.

Assonometrie di solidi sezionati.

Si procede per punti come nel caso dei solidi non sezionati. Una volta fatta la proiezione ortogonale si imposta l'assonometria della parte di solido che resta dopo la sezione.

Assonometrie di solidi di rotazione

L'assonometria del cerchio di base avviene individuando in prima battuta l'assonometria del quadrato che circoscrive la circonferenza. Tale assonometria si costruisce per punti come fosse un ottagono, solo che invece di congiungere i punti con delle linee si usano archi. Nel caso di un assonometria monometrica il lavoro è agevolato diventando in assonometria il quadrato un rombo, si prosegue con la costruzione dell'ovale ad esso inscritto. Nel caso di altre assonometrie non si può usare tale modalità e bisogna ritornare alla individuazione per punti (almeno 8 meglio 12) collegandoli con il curvilinee.

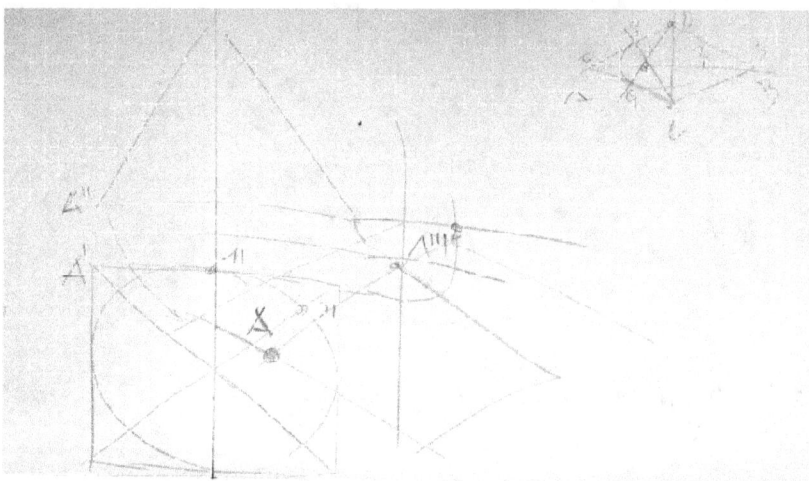

Per individuare le generatrici di bordo si fa perno sull'assonometria del vertice e si disegna la generatrice di tangenza. Per dare il senso di rotondità si continuano a disegnare generatrici sottili più fitte sul bordo, assenti in centro.

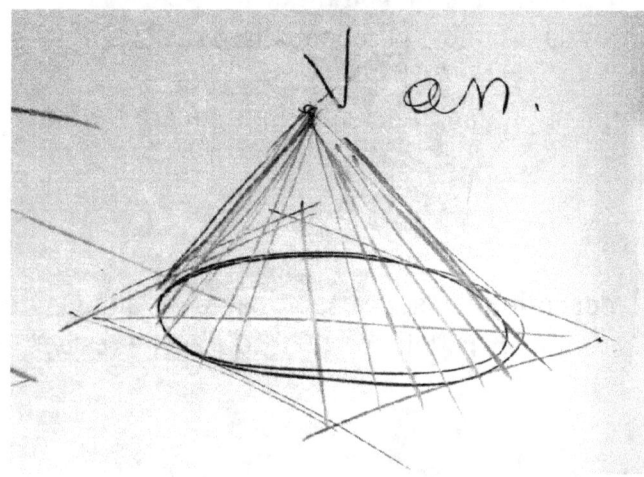

Riepilogo delle tavole.

Costruzione di figure piane.
Tav. 1-5

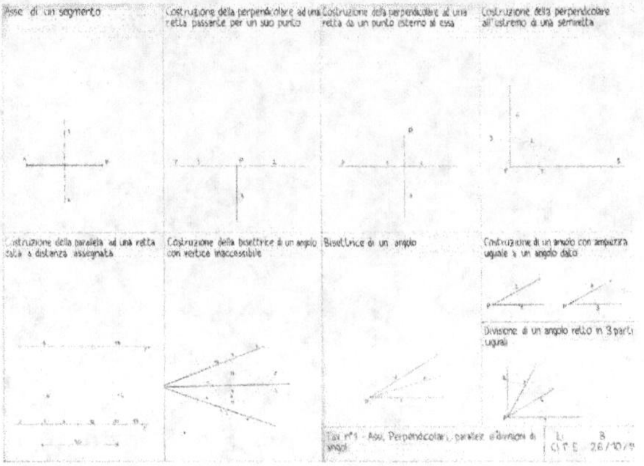

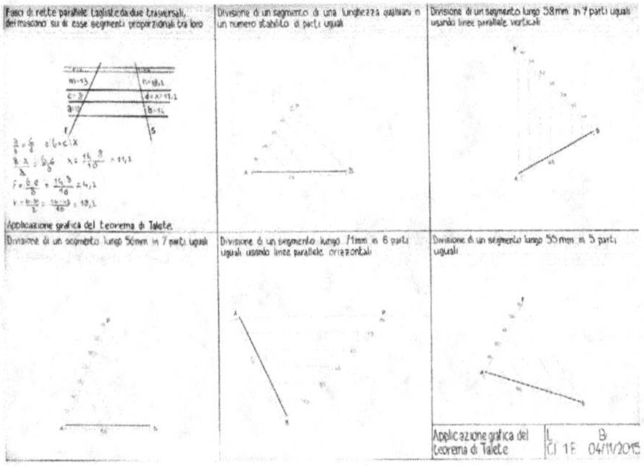

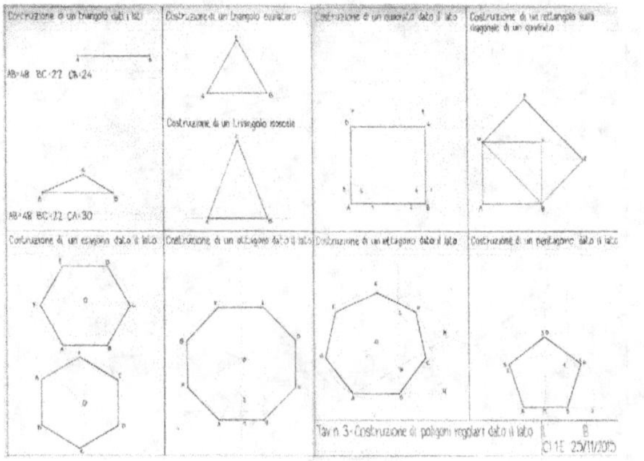

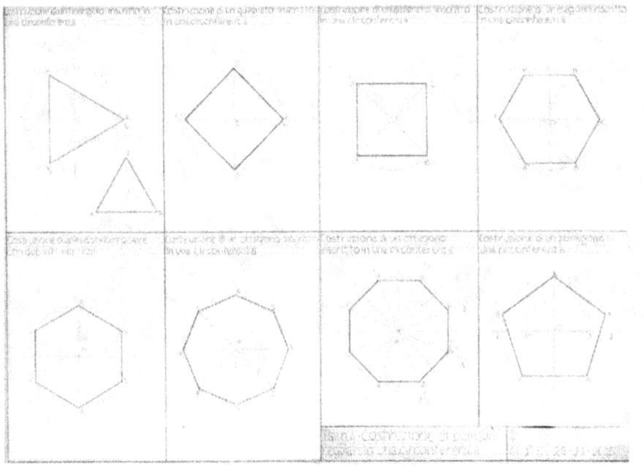

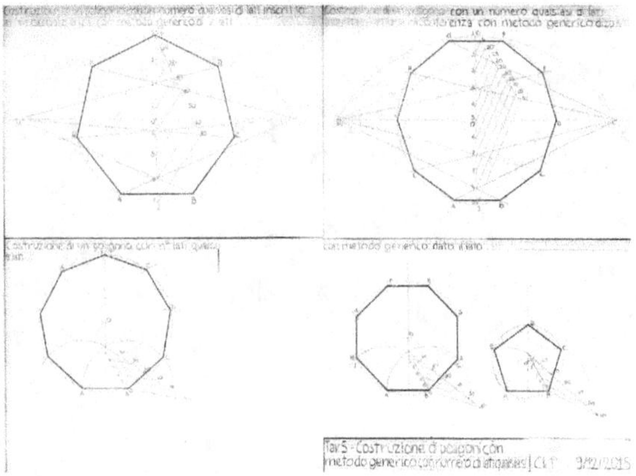

Costruzione di raccordi e curve chiuse.
Tav. 6-10

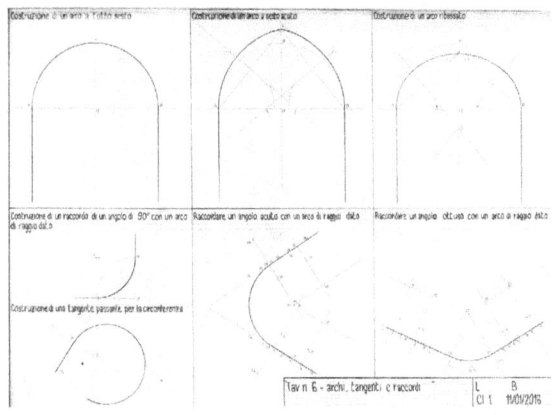

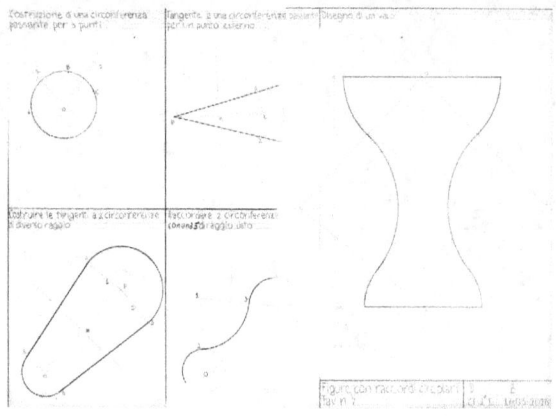

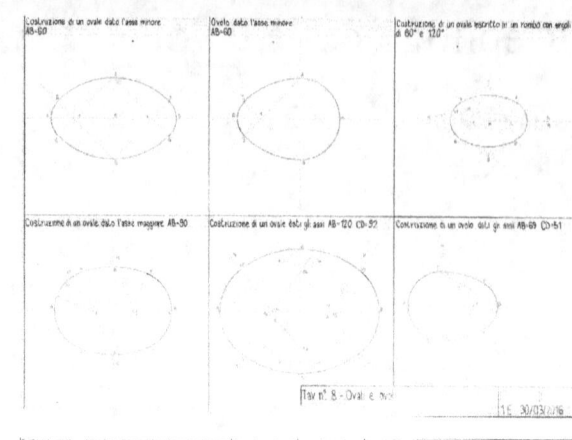

Costruzione di un'ellisse dati gli assi: metodo del giardiniere

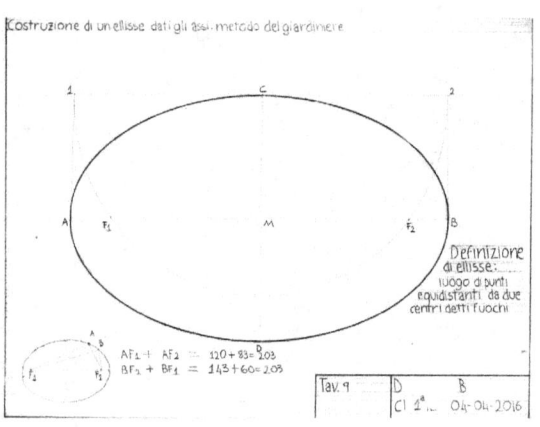

Definizione di ellisse: luogo di punti equidistanti da due centri detti fuochi

$AF_1 + AF_2 = 120 + 83 = 203$
$BF_2 + BF_1 = 143 + 60 = 203$

Tav. 9 D B
Cl 2ª 04-04-2016

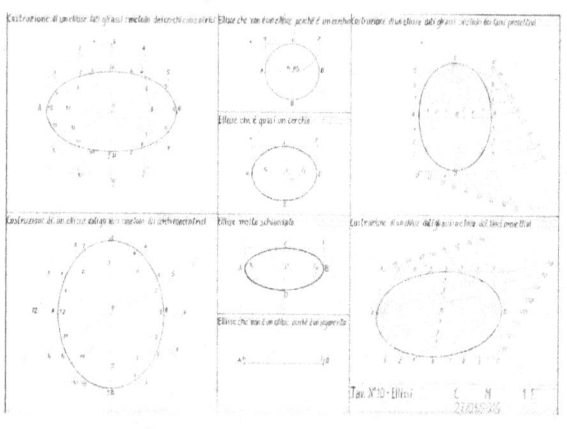

Costruzione di curve aperte
Tav. 11-13

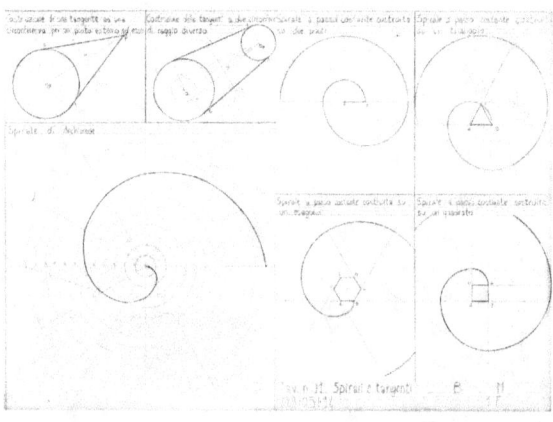

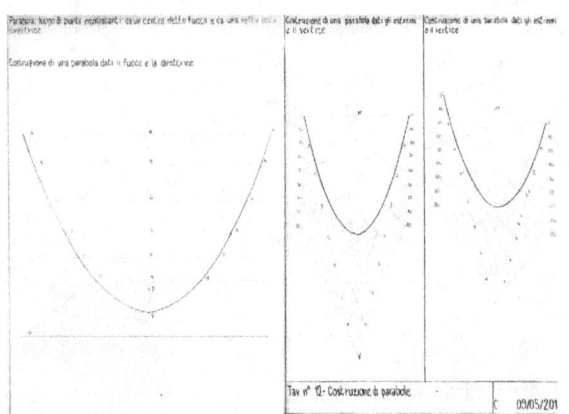

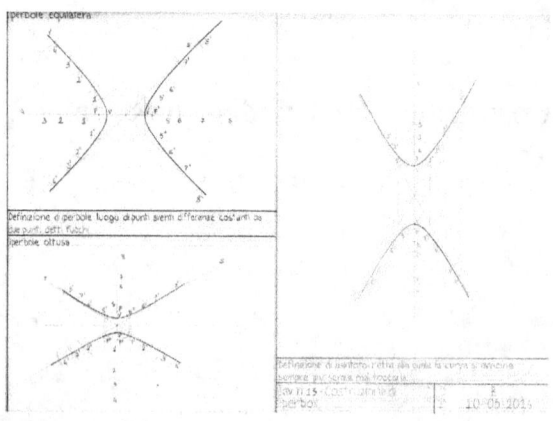

Geometria proiettiva e descrittiva
Tav. 14-16

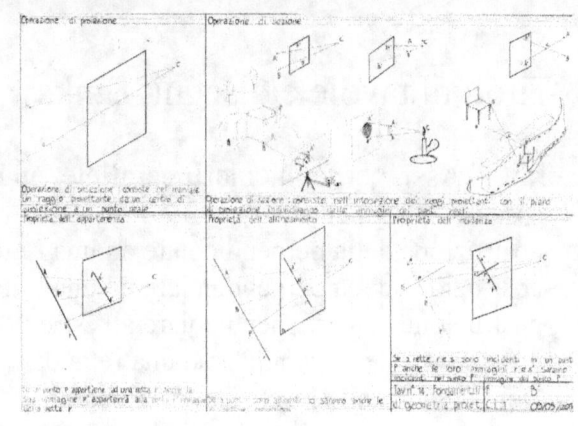

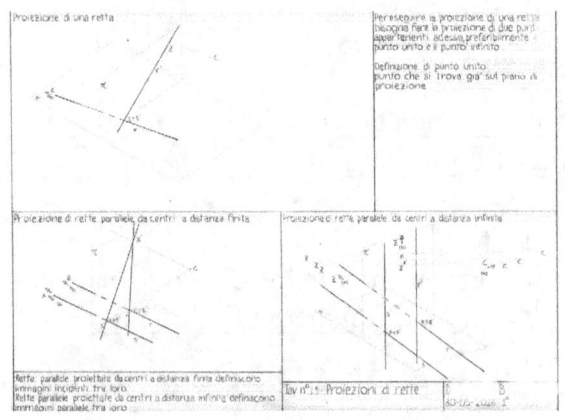

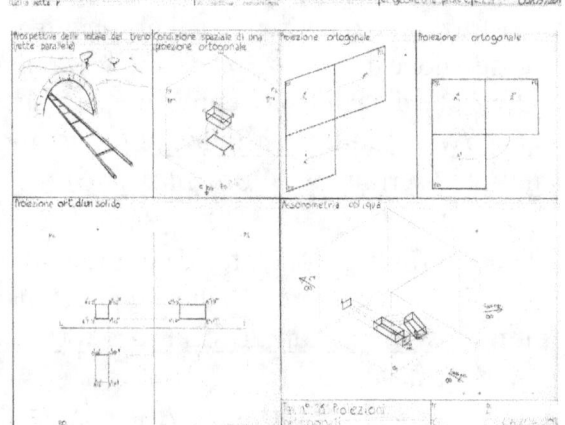

Tabella di confronto tra Proiezioni Ortogonali e Assonometrie

DESCRIZIONE	Pr. Ortogonali	Pr. Assonometriche
Posizione Centro di proiezione	C ∞	C ∞
Disposizione dei raggi proiettanti tra loro		
Numero di piani di proiezione	da 2 a 6 (di solito 3)	1
Disposizione dei piani di proiezione tra loro		
Disposizione dei raggi proiettanti rispetto al piano di proiezione		ortog. oblique
Disposizione del piano di proiezione assonometrico rispetto al piano di proiezione ortogonale		ortog. oblique

Titoli di tavole e disegni. Links

Tav.1- Assi, perpendicolari, parallele, angoli.
-asse di un segmento
-costruzione della perpendicolare ad una retta passante per un suo punto
-costruzione della perpendicolare ad una retta da un punto esterno ad essa
-costruzione della perpendicolare all'estremo di una semiretta
-costruzione della parallela ad una retta da distanza assegnata
- costruzione della bisettrice di un angolo
-costruzione della bisettrice di un angolo con vertice inaccessibile
-costruzione di un angolo con ampiezza uguale a un angolo dato
-divisione di un angolo retto in tre parti uguali
http://www.unikore.it/index.php/documenti-download/category/376-archeologia-del-mediterraneo%3Fdownload%3D10098:tc-0-costruzioni-geometriche

Tav.2 - Applicazione grafica del teorema di Talete.
-divisione di un segmento di lunghezza qualsiasi in un numero stabilito di parti uguali.
http://www.youmath.it/formulari/formulari-di-geometria-piana/647-teorema-di-talete.html
http://www.ripmat.it/mate/f/fp/fpda.html

Tav. 3 - Costruzione di poligoni dato il lato.
 -costruzione di triangolo equilatero
 -costruzione di un quadrato
 -costruzione di un rettangolo dato un lato, pari alla diagonale del quadrato
 -costruzione di un esagono dato il lato
 -costruzione di un pentagono dato il lato
 -costruzione di un ottagono dato il lato
 -costruzione di un triangolo isoscele
 -costruzione di un esagono con due lati verticali
http://www.marcosroom.it/geometria

Tav. 4 - Costruzione di poligoni inscritti in una circonferenza.
 -costruzione di un triangolo equilatero inscritto in una circonferenza
 -costruzione di un triangolo equilatero inscritto in una circonferenza con lato orizzontale
 -costruzione di un quadrato inscritto in una circonferenza
 -costruzione di un quadrato inscritto in una circonferenza con due lati orizzontali
 -costruzione di un pentagono inscritto in una circonferenza
 -costruzione di un esagono inscritto in una circonferenza

-costruzione di un esagono inscritto in una circonferenza con due lati verticali

-costruzione di un ottagono inscritto in una circonferenza

-costruzione di un ottagono inscritto in una circonferenza con due lati verticali e due orizzontali

http://www.larapedia.com/disegno_tecnico_geometria_piana/disegno_tecnico_geometria_piana_figure_piane.html

http://educazionetecnica.dantect.it/2014/01/24/scheda-costruzione-di-un-ottagono-data-la-circonferenza/

Tav. 5- Costruzione di poligoni con metodo generico.

-costruzione di un ettagono con metodo generico

-costruzione di un decagono con metodo generico

-costruzione di un poligono di 9 lati (ennagono) con metodo generico dato il lato

-costruzione di un poligono di 5 lati(pentagono) con metodo generico dato il lato

-costruzione di un poligono di 8 lati (ottagono) con metodo generico dato il lato

http://www.larapedia.com/disegno_tecnico_geometria_piana/disegno_tecnico_geometria_piana_figure_piane.html

Tav. 6 - Costruzione di archi, raccordi e tangenti.

-costruzione di una circonferenza passante per tre punti non allineati

-costruzione della tangente ad una circonferenza passante per un suo punto

-raccordare un angolo di 90° con un arco di raggio dato

-costruzione di un arco a tutto sesto

-costruzione di un arco a sesto acuto (ogivale)

-costruzione di un arco a sesto ribassato

-raccordare un angolo acuto con un arco di raggio dato

-raccordare un angolo ottuso con un arco di raggio dato

http://vivalascuola.studenti.it/come-tracciare-un-raccordo-tra-due-rette-perpendicolari-41335.html#steps_1

http://areeweb.polito.it/didattica/polymath/htmlS/argoment/ParoleMate/Feb_08/TangCirc.htm

http://disegniti.blogspot.it/2011/11/raccordo-tra-due-rette-che-formano-un.html

Tav.7- Costruzione di tangenti e raccordi.

-costruzione di una tangente ad una circonferenza passante per un punto P esterno ad essa

-costruzione di tangenti a due circonferenze di diverso raggio

-costruzione di un raccordo (raccordare due circonferenze di raggio dato con un arco, anch'esso di raggio dato)

-costruzione di una serie di raccordi che individuano un vaso

http://www.lorenzoroi.net/geometria/Costruzioni.html

http://disegno1at.jimdo.com/lezioni/costruzioni-geometriche/lezione-del-6-12-13-raccordi/

Tav.8- Ovali ed ovoli.
-costruzione di un ovale dato l'asse minore
-costruzione di un ovolo dato l'asse minore
-costruzione di un ovale inscritto in un rombo con angoli di 60° e 120°
-costruzione di un ovale dato l'asse maggiore
-costruzione di un ovale dati gli assi
-costruzione di un ovolo dati gli assi
http://vivalascuola.studenti.it/come-costruire-un-ovale-dato-lasse-maggiore-19362.html
http://vivalascuola.studenti.it/come-costruire-un-ovulo-dato-lasse-minore-20020.html
http://vivalascuola.studenti.it/come-costruire-un-ovolo-conoscendo-i-due-assi-23193.html
http://tecnocanacci.blogspot.it/2015/05/circonferenze-in-assonometria-disegno_12.html
http://www.webalice.it/donatodichicco/scuola/Prime/Disegno/Ovale%20dati%20gli%20assi/Ovale%20dati%20gli%20assi_01.htm

Tav.9- Costruzione di un ellisse dati gli assi: metodo del giardiniere
-Costruzione di un'ellisse dati gli assi maggiore e minore. Metodo del giardiniere
https://it.wikipedia.org/wiki/Ellisse_del_giardiniere

Tav.10- Costruzione di un'ellisse dati gli assi.
-costruzione di un ellisse dati gli assi con metodo dei cerchi concentrici (x2)
-ellisse che non è un ellisse perché è un cerchio
-ellisse che è quasi un cerchio
-ellisse molto schiacciato
-ellisse che non è un ellisse perché è un segmento
-costruzione di un ellisse dati gli assi con metodo dei fasci proiettivi (x2)
http://vivalascuola.studenti.it/come-disegnare-un-ellisse-con-il-compasso-230647.html
https://www.youtube.com/watch?v=LSBSmuTSDjo

Tav.11- Costruzione di spirali e tangenti.
-costruzione di spirale a passo costante costruita su due punti
-costruzione di spirale a passo costante costruita su un triangolo
-costruzione di una tangente ad una circonferenza per un punto esterna ad essa

-costruzione delle tangenti a due circonferenze di raggio diverso
-spirale a passo costante costruita su un esagono
-spirale a passo costante costruita su un quadrato
-spirale di Archimede
https://www.youtube.com/watch?v=YnIu4qUS_AY
https://www.youtube.com/watch?v=UpmIo9zcjSs
http://progettomatematica.dm.unibo.it/Curve%20celebri/grecia/spiralearchi.html
http://mostramatematica.galileiviareggio.net/home/archimede/la-spirale-di-archimedebibliografia

Tav.12- Costruzione di parabole.
-costruzione di una parabola dati il fuoco e la direttrice
-costruzione di una parabola dati gli estremi e il vertice (x2)
https://www.geogebra.org/m/x2j7v6jV
http://www.lorenzoroi.net/coniche/parabola04.html
http://www.unikore.it/index.php/documenti-download/category/376-archeologia-del-mediterraneo%3Fdownload%3D10098:tc-0-costruzioni-geometriche

Tav.13- Costruzione di iperboli.
-iperbole equilatera
-iperbole acuta
-iperbole ottusa
http://www.treccani.it/portale/opencms/Portale/resources/multimedia/lezioni_matematica/iperbole/Iperbole_Presenta1.pdf
http://www.unikore.it/index.php/documenti-download/category/376-archeologia-del-mediterraneo%3Fdownload%3D10098:tc-0-costruzioni-geometriche+costruzione+dell'iperbole

Tav.14- Fondamenti di geometria proiettiva.
-operazione di proiezione
-operazione di sezione
-proprietà della appartenenza
-proprietà dell'allineamento
-proprietà dell'incidenza
https://it.wikipedia.org/wiki/Geometria_proiettiva
http://www.federica.unina.it/architettura/applicazioni-di-geometria-descrittiva-e-rilievo-architettura/elementi-geometria-proiettiva/

Tav.15- Proiezioni di rette.
-proiezione di una retta

-proiezione di rette parallele da centri a distanza finita
-proiezione di rette parallele da centri a distanza infinita
http://www.federica.unina.it/architettura/applicazioni-di-geometria-descrittiva-e-rilievo-architettura/elementi-geometria-proiettiva/

Tav.16- I sistemi di rappresentazione della geometria descrittiva.
-Proiezioni coniche: La prospettiva.
-rette parallele (le rotaie del treno) sembrano convergere su un punto.
- Proiezioni parallele: proiezioni ortogonali e assonometrie, tabella di confronto.
-condizione spaziale di una proiezione ortogonale
-apertura dei piani di proiezione ortogonale (x2)
-proiezione ortogonale di un solido
- condizione spaziale di una assonometria riferita ai piani di proiezione ortogonale
 -assonometria ortogonale di un solido con piano di proiezione assonometrico parallelo al piano verticale (faccia dell'oggetto), tale assonometria ricade in proiezione ortogonale
- assonometria obliqua di un solido con piano di proiezione assonometrico parallelo al piano verticale (faccia dell'oggetto), tale assonometria non ricade in proiezione ortogonale e crea un effetto tridimensionale.
https://it.wikipedia.org/wiki/Metodi_di_rappresentazione
http://dismac.dii.unipg.it/common_files/disegno/_3_ElementiDiGeometriaDescrittiva.pdf

Riferimenti Bibliografici

C. Bonfigli, C. R. Braggio, *Geometria descrittiva e prospettiva*, Hoepli, Milano, 1975

Mario Docci, *Manuale di disegno architettonico*, Laterza, Bari, 1985

Silvio Lombardi, Giulio Migliorati, *Disegno geometrico e tecnico,* Ed. La Scuola, Brescia, 1992

www.ingramcontent.com/pod-product-compliance
Lightning Source LLC
Chambersburg PA
CBHW081329310526
45789CB00018B/2644